# 融合视域下文旅产业高质量发展研究

暴向平　庞　燕　著

中国建材工业出版社

北　京

**图书在版编目(CIP)数据**

融合视域下文旅产业高质量发展研究/暴向平，庞燕著.--北京：中国建材工业出版社，2024.6
ISBN 978-7-5160-4210-6
Ⅰ.G124；F592.3
中国国家版本馆 CIP 数据核字第 2024S1L269 号

**融合视域下文旅产业高质量发展研究**
RONGHE SHIYU XIA WENLÜ CHANYE GAOZHILIANG FAZHAN YANJIU
暴向平 庞 燕 著

出版发行：中国建材工业出版社
地 址：北京市西城区白纸坊东街 2 号院 6 号楼
邮 编：100054
经 销：全国各地新华书店
印 刷：北京印刷集团有限责任公司
开 本：710mm×1000mm 1/16
印 张：9.75
字 数：129 千字
版 次：2024 年 6 月第 1 版
印 次：2025 年 1 月第 1 次
**定 价：65.00 元**

本社网址：www.jccbs.com，微信公众号：zgjskjcbs

# 前言

目前产业融合正日益成为产业经济发展中的重要现象，其趋势越来越明显，已对世界各国的经济、社会、生活等方面产生了深远的影响。在产业发展出现新融合的趋势下，我国文旅产业的融合发展现象在这种背景和潮流下便应运而生。文旅产业融合的目的在于推动旅游的转型升级，满足人民美好生活需要。推动文旅产业高质量深度融合是适应我国经济结构优化调整与满足消费者旅游需求升级的必然要求。本书旨在深入探讨文旅产业融合的相关理论和实践，以期为这两个产业融合的高质量发展提供参考借鉴。

为了更好地促进文旅产业的融合发展，对文旅产业融合的基本支撑、模式、机理和路径进行了深入研究。研究表明，强化实体经济支撑、应用现代科技赋能、做好金融支持工程等措施可以有效促进文旅产业的融合。同时，文旅产业的融合还需要通过多种模式、机理和路径来实现，包括技术融合、市场融合、资源产品融合和企业融合等。

尽管作者认真思考、努力著书，但由于学识、时间、精力有限，也受课题组研究能力和资料来源等条件的限制，书中尚存缺点和不足，恳请各位专家批评指正。

暴向平　庞燕

# 前言

# 目录

第一章　文旅产业融合相关理论 …… 1
　第一节　文旅产业融合发展的可行性 …… 1
　第二节　文旅产业融合发展的必要性 …… 2
　第三节　文旅产业融合发展的动力因素 …… 4
　第四节　文旅产业融合发展的互动机制 …… 16
第二章　文旅资源分析 …… 19
　第一节　文旅与文旅资源 …… 19
　第二节　文旅资源的特点与价值 …… 22
　第三节　文旅产品的设计与开发研究 …… 29
第三章　文旅产业融合的基本支撑 …… 58
　第一节　强化实体经济支撑文旅产业 …… 58
　第二节　应用现代科技赋能文旅产业 …… 64
　第三节　做好文旅产业金融支持工程 …… 67
第四章　文旅产业融合模式 …… 70
　第一节　园区类融合发展模式 …… 70
　第二节　遗产类融合发展模式 …… 72
　第三节　商贸服务类融合发展模式 …… 74
　第四节　会展节庆类融合发展模式 …… 77

**第五章　文旅产业融合机理** …………………………… 80
第一节　文旅产业的耦合机理与价值创造机理 ………… 80
第二节　相互作用与效应分析 …………………………… 85

**第六章　文旅产业融合路径** …………………………… 90
第一节　技术融合路径 …………………………………… 90
第二节　市场融合路径 …………………………………… 92
第三节　资源产品融合路径 ……………………………… 96
第四节　企业融合路径 …………………………………… 100

**第七章　文旅产业融合发展对策建议** ………………… 105
第一节　文旅企业合作——促进文旅化 ………………… 105
第二节　激发消费者的文旅需求 ………………………… 110

**第八章　案例分析** ……………………………………… 120
第一节　呼伦贝尔市文旅产业耦合协调度分析 ………… 120
第二节　乌兰察布市文旅产业耦合协调度分析 ………… 132

**参考文献** ……………………………………………… 143

# 第一章 文旅产业融合相关理论

旅游产业在国民经济中的地位不断提高的同时，逐渐成为促进区域城市经济发展的重要动力，而如何实现经济与文化产业双赢的局势，也成为现阶段经济新常态下文旅产业的核心发展方向。

## 第一节 文旅产业融合发展的可行性

### 一、边界的模糊性：融合的开端

文旅产业之间可以形成融合，并在产业融合的基础上达到更好地发展。

首先，文旅产业都有显著的开放性特征，文化产业主要是那些供给文化产品的产业群，文化产品类型多样，行业不确定性较强，与其他具有明显边界的产业有着极大的不同。所以，文化产业开放性较强，可以有效实现与其他行业的融合发展。

其次，旅游产业也是一个边界模糊的产业，与餐饮、酒店、购物、交通等各行业都有着密切的联系。随着时代的不断向前发展，旅游业对经济增长的突出作用逐渐显露出来，为了更好地实现产业转型升级，旅游业与其他产业相互渗透交叉，实现互利共赢。由此可知，文旅产业都具有显著的开放性和模糊性，具备了融合发展的条件。

除此之外，文化产业中的历史博物馆、民俗演出、影视产业等都有助于丰富旅游产业种类，在旅游业中引入上述形式都可以推动旅游业发展，使之成为文旅产品，同时促进文旅产业的发展。

### 二、资源的通用性：融合的桥梁

文化资源通常指的是经过历史沉淀而形成的各种文化因素，不仅可以帮助人们提高精神文明素质，而且还可以进一步提升经济效益。主要的文化因素有传统习俗、建筑风格、服装饰品、历史古迹、艺术品、食品等。旅游资源则是指可以为旅游开发和发展所用的资源，旅游公司会对自然界中对游客有吸引力的资源进行进一步开发，使之发挥经济效益和社会效益。总体而言，旅游资源包括自然景观和人文景观。

旅游业在发展的过程中会充分发挥自然资源的作用，在合理的范围内进行资源挖掘与使用。在这一过程中，人们实现了文化传播与保护，将文化产品和旅游产品融合起来，推出新型文旅产品，满足游客对旅游体验的美好期待。由此可知，文化资源是一种黏合剂，具有极高的通用性，能够在文旅产业交叉融合中实现产品创新。

### 三、文化与创意：融合的核心

根据文旅融合产业特性研究，文化产业倾向于文化与创意关注，注重创造与销售的增长。旅游产业的发展以自然资源为基础，只有在自然资源丰富的地区才能实现旅游业的快速发展，一些自然资源形态良好、种类丰富的地区，甚至只需要对资源进行简单的开发就可以发展旅游业。这就意味着，不是所有的自然资源都可以为旅游业服务，为了实现扩大游客规模的目的，还要推出新型旅游产品，在各项旅游活动中注入新的活力，利用创意旅游的形式推动旅游业发展。近年来，人们对文旅的需求不断增加，这就要求旅游目的地重视文化内涵的挖掘和创意的融入，通过新型文旅产品来满足游客的个性化需求。由此可知，文化内涵与创意有效推动了文旅产业融合，能极大程度上提升游客满意度。

## 第二节　文旅产业融合发展的必要性

近年来，文化使旅游的品质得到提升，旅游使文化得以广泛传播。文旅融合既是文旅互动共荣的客观需要，也是二者发展的必然趋势，对各国文旅产业发展具有重大意义。

推动文旅融合发展，不仅有利于文化产业加速发展，促进旅游产业转型升级，满足人民精神文化需求，促进经济增长，同时也有利于增强文化自信。在数字化、人工智能时代，科技创新手段为文旅融合发展提供了全新动能和无限可能。同时，新技术、新设备的应用也有利于进一步开展文旅资源保护和利用。在此背景下，文旅融合发展是更好满足人民群众美好生活需要的题中应有之义。在国内外新的发展形势下，如何进一步明确文旅融合发展的策略、过程和路径，推动文旅融合发展，传承中国文化，强化文化自信，都成为新时代文旅产业发展的重要研究主题和政策命题。

随着人们物质生活水平的提高，越来越多的人希望拥有更加充实的精神生活，纷纷投入旅游这一活动中。特别是近年来，随着国民休闲时代的到来，人们越来越注重文化方面的体验，旅游活动已经从以往单纯的购物、消费、游玩，发展到如今走进历史博物馆和文化场所积极感受民俗文化、观赏文化古迹等。文旅产业融合发展在这一形势下应运而生，成为更好地满足人民群众高品质生活追求的必然选择，诸多文化体验活动逐渐成为游客旅游出行的首选，更是成为旅游地旅游业发展的决定性因素，既能满足游客自身对个性化旅游体验的追求，也可实现文旅活动之间的交叉渗透和融合发展。

随着国民经济的高速发展，高效率、低成本和可持续发展逐渐成为国家所倡导的经济模式和追求的目标。这一经济新常态背景为县域经济发展提供了巨大的机遇，同时也带来了相应的挑战。县域地区虽然民风淳朴、民俗浓厚，具有较强的旅游开发价值。为了加速这类地区的经济转型，则务必要打造文旅融合的现代旅游体系，这样可以有效突破传统旅游产业的发展模式，扩大发展范围，真正实现旅游产业由小到大、由大到强的发展目标。县域地区的优势不仅在于美丽的自然风景，更在于丰富的历史文化资源，将其与旅游资源相互融合，实现文明创新、健康向上的文化消费模式，推动资源优势向产业优势的迈进和转移。特别是对于一些青山环绕、绿水长流的风景优美的县域地区更是要加速推动文旅产业融合发展，这种历史悠久、文化资源丰富、人文景观多样的地区文旅产业的彼此融合，既能够让更多的游客感受到当地民俗文化，拓宽其知识面，达到陶冶情操的目的，也能通过观赏优美的景观唤起游客保护自然环境的意识。

除此之外，文旅产业融合发展还是实现绿色和可持续发展的新举措。文旅产业融合发展从认识自然、利用自然、改造自然及与自然和谐相处等方面入手，真正实现可持续发展。文旅产业融合发展能够实现生态环境保护和县域经济发展的平衡，积极推动生态文明建设，促进生态资源保护，让更多游客和居民都能在良好的生态环境下享受大自然的馈赠。特别是在新时代背景下，文旅产业融合发展体现出文化发展的创造价值和旅游体验的分享价值，对于资源丰富的地区而言，更是实现了经济效益、文化效益、社会效益的“三赢”，更能形成文化发展与旅游行业的良性互动，促进地区经济转型、加快发展的同时，也可以起到改善民生的重要作用。

## 第三节　文旅产业融合发展的动力因素

动力即一切力量的来源，动力具有方向性、动态性、加和性等特征，文旅产业融合发展的动力也具有方向性、动态性和加和性三大特征。相对于传统产业主要发展的动力是土地、机器、厂房等硬要素驱动而言，文旅产业融合发展的主要动力是世界旅游经济进入后工业社会的新型产业经济形态，人的创造力、文化、品牌和知识产权等软要素尤其是文化要素是其发展的主要动力，这就使得文旅产业融合有了一定的基础和条件。

### 一、文旅产业融合发展的驱动因素

文旅产业的融合是其产业系统内部和外部两个方面的动力因子共同发生作用的结果。从系统工程理论的视角分析，促进文旅产业有机融合的关键因素不仅包括旅游产业的开发、文化产业的发展等方面，还包括对文旅产业产生影响的其他方面，如国民经济水平、人口发展状况、人们对文旅活动的需求以及对文旅产业的支持作用等。其中，内部主体企业、旅游者和外部主体政府、中介机构和市场在驱动因子中扮演着核心和纽带作用。这两方面的动力主体共同发生作用，使文旅产业的产业结构不断合理化和高级化，从而推动两大产业的发展与进步，最终实现二者的融合。

## (一)企业行为

文旅企业的行为取向可以对文旅产业的形成和发展产生驱使力，技术、市场和交通通信的发展是企业规模扩张并演变为现代工商企业的外生因素。传统的旅游产业已发展成熟，行业竞争激烈，其产品市场开始趋于饱和，产品利润也趋于稳定或开始下降，企业有创新转型的强烈愿望，产业不断演进发展。因此，一方面，优质的旅游企业可选择文化要素供应商，提供创新型的文旅产品，通过多元化经营在竞争中胜出；另一方面，企业对利润的追求是推动产业进步的有力杠杆。

文旅产业融合后形成的新兴产业——文旅产业，因其高附加值和丰厚的盈利空间，吸引旅游企业快速进入文旅市场，进一步促进文旅产业的不断整合和成长。

## (二)旅游者需求

随着人们生活水平的提高，旅游中的参与性和娱乐性成为旅客关注的诉求点，旅游偏好更倾向于精神消费更高层次的娱乐，如欣赏音乐和民族舞蹈等文艺演出，参观当地历史文化博物馆、文物艺术品展览、民族特色风情展览等，这使得娱乐在旅游消费结构中的比例不断增加。人们的旅游需求消费也在逐渐走向理性，注重文化精神体验与求异，逐渐减少传统的观光旅游，转而青睐主题游、深度游和度假游等。

旅游需求结构和内容的变化促使人们对文旅产生市场需求，这就吸引了投资商、企业和中介组织等开始主动进入文旅开发点，并出于各自的利益，它们相互制约又协同发展，促使文旅目的地的形成和完善，成为文旅产业的供给者。而文旅产业的客户正是这些旅游偏好发生变化的新型旅游者,文旅需求的变化对于旅游产业的转型及与文化产业相融合起到了关键作用。

### (三)中介机构发展

产业的发展除了核心企业的作用,还需要大量与文旅产业有关联的中介机构的支持。在这里将行业协会组织、学校等人才培养机构、学术研究机构、高质量的营销团队、文化或文物保护部门等都归为中介机构的范畴。这些机构虽然不是文旅核心产品生产的直接支持者,但为产业的整体发展包括人才的吸引和成长、产品的推介和促销等提供了良好的环境和氛围,它们的完善与成熟也是影响文旅景区发展的重要因素。

文旅产业与传统的旅游业相比,其比较优势更多地建立在文化内涵和文化品质上,能够吸引旅游者的基本因素就是文化差异和文化特色带来的驱动力,而中介机构中的文化工作者就是这些差异形成的来源。如行业协会组织中的民间文化艺术团体、民族舞蹈艺术团体等文化传播者不断地将这些文化要素与原有的静态旅游要素相结合,创造出文旅产品,提供文旅服务,推动产业的发展。它们的不断发展为文旅的融合创造了机会。

### (四)市场机制

在文旅的融合运作中,市场机制是主要的传导机制。通过市场对文旅产品的需求,按照价格机制、资源配置调节空间格局,在一定区域内形成和发展小规模文旅点,进而发展成文旅目的地,这是一个产品和市场不断适应、不断调整和不断完善的过程,文旅目的地的形成是经市场需求的推动而向前演进的。文旅的融合刚刚起步时,在市场机制所产生的集聚效应的影响下,与文旅业相关的食、住、行、购、娱等产业不断向文旅资源所在地集中,并开始吸引能满足这些产业发展需要的资金、技术、人力资源等要素向区域内集聚,从而形成文旅景区。文旅景区一旦形成,就会产生自我提高机制,并不断吸引旅游者来此观光,从而引发产品和服务需求的不断扩大和提高,形成产品和服务消费市场。

从这一过程可以看到,在市场推动力的作用下,文旅通过突破产业自身所形成的条块分割，降低交易成本，形成持续的竞争优势。

## 二、文旅产业融合发展的内在动力

### （一）旅游需求的变化

随着生产力、经济水平和人民生活水平的不断提高，旅游者的旅游需求也在变化。旅游需求的满足不仅包括从消费中获取物质需要的满足，更重要的是从中获取心理和精神层面的满足。旅游消费需求的多变性源于旅游市场的不断成熟、旅游者对旅游体验广度和深度的不断追求、新的旅游消费特征以及信息共享的时代特征。

随着我国旅游产业的发展，旅游产品开始逐渐分层，突出的表现就是旅游者对一些高端旅游产品的消费。旅游需求具有个性化属性，具有小批量、多品种、非标准等特点。成熟的旅游者对旅游体验的个性化和体验深度要求更高，驱使旅游企业为了争取更多的旅游者、抢占更大的市场份额而进行创意、技术等方面的改革，将旅游产业内的要素进行优化整合，引入文化产业要素，从而引起文旅产业融合发展，使得旅游产业的结构也因此而改变，从而满足旅游者日益增长的需求。

文旅的融合发展不仅要关注旅游需求的多变性，还要明确旅游需求最明显的三大变化：一是越来越多的人追求在生态环境良好的地区完成自己的旅游生活，生态环境成为旅游者追求的核心目标；二是越来越多的人追求情感氛围更重的旅游环境，通过旅游来促进人际交往过程中的情感传递；三是越来越多的人追求文化浓郁的旅游目的地，在求知欲望的驱动下，丰富自己的人生经历，感悟人类文明。在这三大旅游需求变化中，游客对文化的渴慕是旅游需求三点变化中最突出的变化，也是推动文旅产业融合发展的内在驱动力。

归纳以上三大变化可以具体地描述需求变化中的主要特点：一是个性化，没有个性化才有多样化，在旅游市场上既有趋同的倾向，又有个性化强烈发展的倾向；二是休闲化，人们更希望从快游到慢游，在闲散自由中完成自己的旅游生活；三是体验化，什么事情都希望经历一下，什么事情都希望体验一下，通过体验（特别是通过深度体验）强化自己对自然与人文的感悟；四是健康化，旅游本身是一种文明健康的行为，在文明健康中完成旅游，在旅游中促进文明健康；五是自主性，自主性又可以称为自助性，处处表现为“我能”“我行”，通过自我完成旅游的全过程。这是当今旅游市场需求的五大特点，而且发展得越来越深入。对文旅产业融合发展而言，不仅要关注旅游市场需求的变化，还需适应旅游市场需求变化的主要特点，开发出更好的文旅产品，这是每一个文旅管理部门和每一个文旅企业都必须关注的焦点。

### （二）旅游资源观的转变

旅游产品的创造依赖于不同形式的资源，无论是自然的、历史遗留的，还是现今创造的，对旅游者具有一定吸引力的人工创造物都具有成为旅游资源的价值。但随着社会的发展，人类物质生活丰富到一定程度时，欲望的追求便逐渐转移到精神生活层面。知识经济、体验经济、符号经济等众多以满足人类精神需求的经济主题的提出，是对人类社会发展阶段的一种概括。旅游资源观的转变，使得原有的单一的自然风光与人文古迹等旅游资源所形成的旅游产品已经不能满足旅游者的体验需求。现今的旅游产品，体验性必须是放在第一位考虑的要素。体验即是对异域文化的体验，自古至今人类所创造的物质的精神的一切均称为文化。所以旅游资源观的转变是文旅产业融合发展的内在动力。旅游资源观的转变使旅游者认识到旅游产业融合对旅游资源的丰富所起到的作用，这种观念的发展也促使旅游产业对于旅游产品开发更具有深度，对旅游产品范围的延展更具广度。

随着旅游资源观的转变，文旅产业融合发展期间，文旅资源的开发方式也需要随之转变，具体体现在以下三个方面。

#### 1. 向精细化转变

第一，打造精品。认真贯彻文化和旅游局关于培育旅游支柱产业的决定，重视和加强以品牌为主的文旅资源开发进程，树立大旅游观念，努力使文旅资源开发向规模化、精品化方向迈进，培育文旅龙头景区和拳头产品。

第二,丰富内涵。在不增加或基本不增加景点和景区外延的情况下,以艺术、文学、民俗、建筑、政治等文化因素为内涵,对原有人文景观和自然景观进行再开发,这既是旅游资源文化内涵深层次挖掘的过程,也是旅游产品的更新过程和层加过程,从而提升文旅景区的知名度和美誉度。

第三,关注细节。国内一些景区(点)要按照旅游星级厕所标准新建和改造好景区(点)厕所,解决好景区(点)厕所的水源和排污问题;要建好景区(点)游道、桥亭和休息凳椅,让游客既能安全游览观光,又能适时休息调整;要完善旅游标志和警示标牌,提示游客遵守相关规定,方便游客游览;要建设无障碍通道和各种紧急救援机制,方便残疾人旅游,妥善处理各种突发事件。通过以上措施,真正把国内文旅区建成文明安全旅游区。

2. 向系统化转变

第一,统筹规划。各省区市要做好本行政区各自的文旅发展规划,突破行政区划的界限,并制定旅游资源区和旅游经济带(线)总体旅游规划,对文旅资源具有同质性、旅游经济具有关联性的相邻空间范围内的旅游景区(点)在开发上的轻重缓急、旅游服务设施的空间布局、旅游行业的协调管理、文旅产品的联合促销等内容进行合理部署、有序安排,以发挥资金的最大效用。

第二,联动互补开发。联动互补开发模式是利用中心景点的较高知名度进行文旅资源的滚动式开发,形成聚集规模经济的文旅资源开发利用模式。中心景点之所以在众多的旅游吸引物中处于中心地位,在于其同时具备资源的稀缺性、垄断性和市场号召力,中心景点既可以是文旅资源、文旅产品开发的龙头产品,也可以是景区开发的中心产品,其中最主要的原因在于中心景点享有较高的知名度,能够产生较强的品牌效应。联动互补开发模式的实现,能够充分利用中心景点的品牌效应,以无形资产辐射带动有形资产的互补式聚集,起到以热点促冷点的效果,提高文旅资源的使用效率,形成区位规模经济。

第三，合理配置文旅资源要素。旅游是吃、住、行、游、购、娱六大要素的统一体，企业在文旅资源开发中要克服就景区说景区的单向思维，认真研究六要素的合理配置和有效组合。要加快旅游交通路网建设，尽快改善通往景区的支线公路，重视和加强信息传输方面的基础设施建设，切实解决景区的可进入性问题；要重视和加强对文旅商品的开发、生产和销售，组织专门力量去设计和开发有民族特色、地域特色和时代特色的文旅商品，精化工艺，改进包装，提高文旅商品的附加值和竞争力；要加快景区宾馆、游乐等配套设施建设，打造具有地方特色的精品文化演出，挖掘区域美食文化，让游客乐在景区。

3. 向生态化转变

第一，严格保护。在生态旅游开发过程中，必须采取有效措施减轻旅游地的生态环境压力，达到将游人分流的目的，以维护旅游地的生态平衡。

第二，科学开发。国内文旅资源开发必须坚持生态文旅资源科学开发的原则和思路，做好总体规划与区域规划。其中的重要环节是在规划阶段对各项建设项目的环境影响进行客观评价，既要考虑文旅资源开发建设、合理布局设施和维护生态平衡等，又要紧密结合区域所在的重点发展目标、相关行业配套，求得科学与协调发展。

第三，可持续发展。为了保证生态文化的可持续发展，国内文旅资源开发必须坚持可持续发展的原则和思路，对景区进行功能分区，坚决执行“区内游、区外住”的布局原则，以达到有效控制和减轻污染的目的。缓冲区和核心区内不能修建任何餐饮及住宿设施，以减少对生态文旅区的污染和破坏。要加强旅游区（点）及周边生态文化环境建设，如加速实施绿化工程，提高植被覆盖率；要抓好天然林保护工程和退耕还林（草）工程，建立绿色天然屏障，从而改善生态文化大环境，实现生态良性循环。

第四，生态与人文并举。我国文旅资源开发必须坚持人文与自然有机结合，就国内生态文旅资源来说，体现于自然层面的地域特点和体现于人文层面的民族文化特点息息相关，并存在结构性的内在联系。自然负载了人文，人文渗透于自然，并经自然而得以体现，二者相互依存，相得益彰，共同营造出我国的生态文旅资源不同于国外的一种特有氛围。因此，既要提倡大力开发文旅资源，积极发展旅游业，在发展中提高发展质量，又要强调在资源开发中，坚持保护与开发并重，转变文旅资源开发方式，合理开发，优化利用。

对多数文旅资源富集且具备发展条件的地区，应通过积极开发文旅资源促进其保护工作；对少数生态环境脆弱、敏感的地区，实行封闭式的保护管理。切实做到有能力开发的就要很好地开发，暂时没有能力开发的，要很好地保护起来，等待后人去开发。我国文旅资源开发与保护应该和谐地结合为一个整体指导思想和行动方案，以发展为前导，以保护为支撑，既使当代人脱贫致富又把青山、绿水、蓝天留给子孙后代，这才是真正的、完整意义上的文旅的可持续发展。

文旅资源开发通过向精细化、系统化、生态化转变这三条途径，不仅可以实现旅游资源观的改变，还可以促成文旅的进一步融合。

### (三)文旅企业的竞争与合作

文旅的融合，从系统论来说，起主导作用的还是文旅企业的竞争与合作行为。文旅企业是整个旅游经济产业系统内的要素，涵盖旅游活动基本要素的各个行业。文旅企业的本能是追求最大化的效益，而最大化的效益则来自旅游者最大化的满意度。文旅企业必须不断地探索技术的创新和新产品的开发，不断谋求发展与壮大，不断思考如何更好地满足游客的需要，不断在变化的环境中谋求持续的竞争优势。文旅企业面对的环境日趋复杂，而文旅企业自身的经营行为又使其环境更加复杂。旅游产业融合就是这些竞争中的企业互动发展的结果，它们改变了传统的竞争和行业观念，“竞合”和“跨界”的思想应运而生，形成了相互渗透、相互融合的关系。

文旅企业作为文旅产业融合的主体，对经济利益的追求是驱使其进行融合的重要动因。文化产业要素的注入提升了旅游资源的品位和内涵，扩大了旅游产品的数量和种类，增加了旅游收入并促进了旅游业的发展；文旅的融合使旅游成为文化产业发展的载体，同时，旅游产业的介入也扩大了文化产业的市场空间。为了促进我国旅游企业之间的竞争与合作，需要努力做到以下四点：

第一，进行游客细分，提供差异化的旅游品牌和服务标准。不同群体的游客对于服务的需求是不同的，为了根据这些差异化的需求提供不同的旅游服务，文旅企业有必要进一步对旅游者进行细分，为旅游者提供差异化的服务业务。市场细分是进行差异化竞争、提升竞争力、进行业务创新的前提，而不同实力的文旅企业通过细分市场，既可以帮助弱势群体充分享受文旅产品的体验价值和文化价值，从而使文旅企业形成局部竞争力，又可以帮助强势群体充分感受到领先的文旅产品，使文旅企业进一步提升并维持其竞争力。在服务上，各文旅企业也应该针对不同客户群体的不同消费能力和消费行为设定不同的服务标准，根据市场定位及差异化进行产品定制。文旅企业可以推出针对性的品牌，重视品牌建设。在旅游者日益成熟，需求日趋多样化、差异化的今天，具有个性、针对特殊消费群体的旅游业务品牌更能获取这一群体的信赖和品牌忠诚。

以市场为导向制定品牌战略，一方面将有利于贴近不同旅游者群体的需求重点，刺激旅游者消费，提升品牌忠诚度；另一方面也有利于根据不同目标市场的异质化需求进行文旅产品开发。

第二，加强沟通，建立分层次的合作伙伴体系。文旅企业与合作伙伴应当建立不同层面和深度的伙伴结构：对于核心“战略型”伙伴应该稳定双方关系，深化合作，共同做好市场营销和服务；对于“潜力型”伙伴，则以扶持和引导为主，并注意对其加以控制；对于“现实型”伙伴，要充分发挥其当前具备的核心能力（如销售能力、品牌号召力等）的价值，但是鉴于其业态的不稳定性等原因可不作长期投入，并应逐渐减少依赖；而对于“边缘型”的合作伙伴，只要符合既定游戏规则，则多多益善，但是基本不做投入和培养，并加强规范和管理。文旅企业要遵循一定的生存法则，要服从行业监管者的管理。生态系统必然是有法则的，这个法则是所有生态系统成员都必须遵守的，至少在能影响或改变它前必须遵守。

第三，以融合创新为主导，扩大文旅市场。随着市场竞争的深入，融合创新竞争逐渐取代“价格竞争”，成为旅游产业的新趋势。在这一阶段，如何扎扎实实做经营，如何以游客的需求为导向推动文旅的融合创新、运营和管理，成为文旅企业必须思考和面对的主要问题。由于市场竞争主体的增加，旅游者选择多样性的增加，旅游竞争还将在品牌、个性化服务等层面展开。因此，要从根本上解决目前旅游的恶性竞争问题，增强旅游企业的融合创新能力，以创新和个性化的文旅产品提升自身竞争力，是融合创新的基本前提。只有遵循市场细分和游客需求导向，在个性化的文旅产业融合创新上下功夫，旅游竞争才有可能逐步走出当前的困境。

第四，确定最佳商业模式，建立共赢分配体系。依据价值链理论，文旅产业融合发展的正常运转必须满足三个制度特性，即完整性、公平性和均衡性。只有利益相关者都能获得公平合理的地位，才能激活利益相关者的积极性，从而使其融合发展效益最大化，各个文旅企业也会共同努力去获得其应有的竞争优势。这是文旅企业能否健康发展和取胜的关键。在它们融合发展过程中，不同的利益相关者应该具有不同的利润分配方式，使不同的文旅产品供应商和旅游分销商都能均衡地获取利益，这样才能保证文旅的均衡发展。如何使各个利益相关者都能在各自的业务发展中获利是文旅企业要解决的首要问题，为此，需要打造一个共赢的利益共同体，设计出相应的共赢分配体系，从而为确定最佳的商业模式夯实基础条件。

## 三、文旅产业融合发展的外在动力

### （一）市场需求的增加

旅游是社会发展到一定阶段才出现的产物，产生旅游动机的两大要素是时间和金钱。随着社会的发展和工业化的进步，人们的闲暇时间日益增多，工业社会给人们带来的财富也为旅游的出行提供了经济支持。当国家经济发展到一定程度时，随着社会生产力的增强和科学技术的进步，人们逐步从繁杂的工作中解放出来，使得闲暇时间日益增多，加之人们对于精神生活的不断追求，旅游动机在这样的背景下应运而生。

随着经济的增长，闲暇与经济状况允许的条件下产生旅游动机的概率不断增强。人们生活观念的改变，对于传统旅游的内容要求自然也会相应提高。为了释放日常工作压力，人们需要一种别样的精神体验和角色互换，实现在现实生活中无法得到的精神享受与追求。

人们对于旅游内容个性化、多元化、体验化的追求促使旅游产品开发必须不断创新，从而满足更加多元化甚至异样化的旅游需求，促使与旅游相关的文化资源一改往日的文化表达形式，被赋予普遍价值观，进行二次创造，以迎合市场的高层次需求。旅游需求量的增加和质量的提高对文旅的融合发展起到了根本的外在推动作用，促使文旅产业融合，不断生产出新的文旅产品。

### （二）文化体制的革新

我国在改革开放之前不存在“旅游业”和“文化产业”这两个名词，文化以文化事业称谓，旅游则以外事接待为主，二者均无明显的经济意义。文化作为传播民族思想、弘扬传统经典的有效方式受制于体制的束缚，一切文化生产和消费都有计划、有组织地进行。随着改革开放的发展，政治经济体制的改革不断深入，市场不断开放，其文化改革才慢慢显现。

政府文化体制的改革使得产业间的进入壁垒降低，产业的生产范围不断扩大，由此产业间的渗透、交叉和融合成为可能，产业结构趋于优化。而文旅产业融合发展，源于文化体制改革的攻坚阶段及文化体制改革全面深化阶段。也正是基于文化体制的改革，才出现了文旅的融合发展。这种改革也是两大产业融合的重要外部动力，它促使文旅产业融合发展拥有了更广阔的发展空间，也有利于我国传统文化精髓的传承与弘扬。

### （三）信息技术的创新

旅游产业融合的本质在于创新，而旅游创新必须以一定的技术手段为依托。当前，信息技术的发展和创新已成为旅游产业融合的直接推动力，由此引发的信息化成为旅游业融合发展的引擎。

旅游信息化是当前旅游业融合发展的重要特征，在旅游资源整合、设施建设、项目开发、市场开拓、企业管理、营销模式、咨询服务等领域已经广泛应用了现代信息技术，从而引发了旅游发展战略、经营理念和产业格局的变革，带来了产业体制创新、经营管理创新和产品市场创新，改变了旅游产业融合发展的方式，加快了融合发展的深度、广度和速度。如积极将网络信息技术、动漫制作技术等引进旅游业，可以创新旅游宣传、营销方式，加快旅游电子商务的应用，催生如旅游动漫等新兴产业的崛起。信息技术的创新与进步对文旅产业融合发展机理的作用主要体现在以下方面：

第一，旅游技术构成是文旅产业融合发展的基础。旅游技术结构是指服务于旅游各行业、各领域、各环节、各区域、各企业的各类旅游科技资源、技术构成、技术组合、技术配置、技术引进、技术改造和技术嫁接的总和。文旅产业融合发展无论是质还是量，都离不开技术创新与进步的因素。随着文旅产业融合发展步入成长期，旅游企业的不断增加以及消费需求的变化，促使旅游竞争加剧，旅游自然资源的开发不再是旅游目的地的比较优势，拥有技术创新的文化创意旅游以及文旅产品的开发创新，不但满足了游客的感官需求，还充实了其精神需求，技术结构逐渐成为旅游开发的筹码。

第二，技术进步是文旅产业融合发展的基础和动力。技术进步通过渗透与辐射机理来促进文旅产业融合发展的成长，它渗透与辐射到文旅的劳动资料、劳动对象、劳动力等生产要素并使之发生变化。技术进步提高了文旅生产要素的质量，以期优化文旅资源的配置方式与比例，促使文旅产业成长、成熟。

第三，技术关联是文旅产业融合发展的核心要素。技术关联表现为内在文旅产业产品链的供求关系，外在文旅企业价值链的延伸，文旅的关联不仅是社会关系的关联，还包括技术关联。不同部门之间发生联系的内在因素是技术，脱离技术水平的文旅产业融合结构是一种畸形的产业结构，是一种缺少内在联系、不能良性循环的结构。文旅企业通过技术创新形成价值网络，依次向前、向后、向旁联系产业，传递与扩散技术，技术不断进步，文旅就不断融合。

第四，技术的生命周期决定文旅产业融合发展的生命周期。技术进步是一个逐步积累的过程，根据技术生命周期理论，一项技术从构思、孕育、产生、发展、衰亡到被淘汰为止的全过程，叫作技术的生命周期。因此，文旅在不同时期对技术进步有不同的需求，例如在文旅产业融合发展的初期阶段，技术日益标准化，侧重于过程创新，技术的引进与开发要求较高；在中后期阶段，注重渐进式创新，文旅产品朝多样化发展，产业融合进入高峰期，要求文旅产品开发不断创新、不断差异化。

### （四）旅游产业链的延伸

随着国家经济的发展和社会的不断进步，我国正处于经济转型发展时期，产业发展面临着诸多创新机遇。其他产业与旅游产业融合，一方面是基于产业自身长期发展过程中累积的废弃资源的再利用，以增加产值，提升效益；另一方面，是谋求产业更广阔的发展空间和发展方向。

其他产业基于自身发展需要而主动与旅游产业进行要素的交流、整合，从而导致融合的产生。一些传统产业基于自身发展的需要，开始与旅游业联姻，实现了本产业的资源再利用，提升了本产业的附加值，使得产业链得以延长，本产业的功能置换和创新得以实现。传统产业需要刺激新需求，开拓新市场，开发新产品，培育新业态。旅游业为其提供了一个新的发展方向和视角，这些产业依托旅游业完成了自身的资源再开发，创造了新价值，提升了产业本身的效益，同时，也丰富了旅游业态和旅游产品，延伸了旅游产业链。

## 第四节　文旅产业融合发展的互动机制

文旅产业融合发展不仅从微观上改变了产业的市场结构和产业绩效，而且从宏观上改变了一个国家的产业结构和经济增长方式。产业融合是传统产业创新的重要方式和手段，有利于产业结构转型和产业升级，提高一个国家的产业竞争力。在文旅产业融合的新趋势下，应从多个方面来考虑以制定出促进我国旅游产业融合发展的政策措施。

## 一、创造良好政策环境，制定融合激励政策

良好的政策环境可以促进产业融合的发展，目前文旅产业融合的实践主要是得益于国家对旅游业和文化业的大力支持，得益于旅游业作为新兴产业，各种管制和垄断尚未形成。因此，政府要进行规制调整和机构改革，为旅游产业融合发展创造良好的政策支持环境。

在充分认识企业是文旅主体的基础上，顺应二者的发展趋势，在观念上进行创新，在战略上实施转变，从多方面、多角度促进企业进行融合。国家通过制定相关的产业、财政税收、金融等政策措施来激发内在的驱动力，鼓励企业进行跨界经营、混合兼并、实施战略联盟等行为，从而实现资源的合理流动，在技术和市场开发方面共担风险。着力培育有竞争力的大型旅游企业，充分发挥大型旅游企业在产业融合中的主体作用。

## 二、鼓励技术创新，发展旅游教育

从产业融合理论的角度来看，技术创新是技术融合与产业融合的重要条件和保障。技术创新使旅游业和文化业的科技含量不断提高，为文旅的发展注入新的活力和增添新的内容，加速文旅的融合和结构优化的步伐，是文旅的直接推动力。因此，应重视和鼓励关联度高的产业技术创新，尽快把一些高新技术，尤其是信息技术，尽快应用到文旅产业中，为文旅的融合搭建公共技术平台。鼓励与旅游相关技术的研发、推广，对进行技术更新的旅游企业给予政策支持。

在知识时代，唯有重视人才和加强人力资源的开发利用，才能适应社会的发展趋势。文旅产业融合的发展对跨行业复合型人才的需求不断增加，高端、复合型旅游人才是实现产业融合的关键。在旅游教育中，要以大旅游的思维，以产业融合的范式去理解旅游业与文化业的发展空间，培养具有融合战略观、跨行业驾驭能力、高业务水平的人才，以适应未来行业发展的需要，消除旅游产业融合的人才瓶颈。因此，要根据产业动态进

行旅游教育体系的调整，既要培养提供行业基础服务的技能型人才，又要培养富于创造性的高级人才。

## 三、积极构建促融的宏观、中观、微观体系

文旅的融合发展不仅可以使二者获得更大的市场空间、增强发展后劲，而且有利于我国实现产业结构的合理化、高级化。政府可积极构建促进融合的宏观带动体系、中观支持体系与微观引导体系，以促进文旅的深度融合。

### （一）在政策上积极引导

制定产业政策时应充分强调文旅的重要性，深化社会各界对其产业内涵、产业特性及产业运营状况的认识，提高对其发展的重视程度，在相关政策表述中强调文旅融合的发展方向。营造宽松自由的文化环境，鼓励多种形式的文化创新。只有富于特色和创新能力的文化产业才能与旅游产业更好地融合，进而形成优质的文旅产品。打造友好的旅游环境，以开放的姿态走向世界。

### （二）在管理上密切合作

根据目前的体制，我国的旅游工作和文化工作是由两个不同的部门分别来进行管理，所以要实现文旅的深度融合，就需要加强两方面各个部门的协同配合。工作中应注意理顺工作关系，消除融合障碍，建立旅游与文化部门的联合工作机制，及时解决两大产业之间的问题，妥善处理产业发展关系，规范行业发展，实现互动共赢的局面，为两大产业深度互融扫除体制性障碍。

# 第二章 文旅资源分析

## 第一节 文旅与文旅资源

随着全球化的进程，旅游已经不再是简单的观光和休闲活动，而是一种文化体验和交流的方式。游客们对于旅行的期待不再仅仅是看到美丽的风景，更是希望深入了解目的地的文化内涵，体验当地的风土人情。因此，各种文旅产品应运而生，满足了不同游客的需求。为了更好地探究“文旅”的内在规律和发展路径，需要回到“文化”和“旅游”的原点进行深入剖析。通过对文旅的本质、特点和相互关系的深入研究，研究者可以更好地理解“文旅”的内涵和外延，为其健康发展提供理论支持。总之，“文旅”是一个复杂而多元的领域，需要从多个角度进行深入探究。只有这样，才能真正把握其内在规律，推动“文旅”的健康和可持续发展。

### 一、文旅的概念

文旅作为一种深受旅游者喜爱的旅游形式，已经成为旅游业的重要组成部分。它不仅满足了游客对于探索不同文化的需求，还为旅游业带来了巨大的商业价值。因此，文旅一直备受研究者关注，成为学术界研究的热点问题。由于文旅涉及的领域广泛，其概念的定义也存在着多种不同的观点。综合来说，文旅是以文化为核心，通过体验和参与各种文化活动和交流，以了解和体验不同文化为目标的旅游形式。这个定义强调了文化在旅游中的核心地位，以及游客对于不同文化的探索和体验的需求。

之所以需要一个言简意赅、直截了当的定义，是因为“文旅”这个概念在现实社会中有着广泛的应用和多种理解。随着全球化的加速和旅游业的不断发展，文旅已经成为一种重要的旅游形式，吸引了越来越多的游客。然而，由于文旅涉及的领域广泛，其概念的定义也存在着多种不同的观点。这种模糊性和多样性给文旅的开发和推广带来了一定的困难。因此，为了更好地推进文旅的发展，需要一个明确、简洁的定义来界定文旅的内涵和外延。这个定义应该突出文化在旅游中的核心地位，强调游客对于文化的探索和体验需求，同时也应该考虑到现实社会中文旅的各种应用和实践。通过这样的定义，可以更好地理解文旅的本质和价值，为其开发、推广和应用提供更有力的支持。

旅游者在选择各种“文旅”线路产品时，必定会首先考虑这些路线产品与自身的文化、品位、兴趣爱好是否相当。因此，为了让更多的人能够享受到文旅的乐趣，旅游经营者需要以更加开放和包容的心态来设计和推广文旅产品。他们需要深入了解不同人群的需求和兴趣，提供多样化的选择，让每个人都能找到适合自己的文旅线路。同时，他们也需要通过教育和宣传，提高公众对于文旅的认识和兴趣，让更多人参与文旅活动，共同体验和分享不同文化的魅力。

“文化”实际上是一个内涵深远、外延广泛的体系，它不仅包括物质文化遗产，也涵盖了非物质文化遗产，诸如民俗风情、民间技艺、生活习俗、思想观念、艺术表现形式等多种元素。而真正的文旅，应当是对这些多元文化元素进行全面、深入的探索和感知的过程，旨在通过旅游的方式，实现文化的传承、交流与体验。

## 二、文旅资源的概念

文化资源是一个多维度、复杂的概念，它涉及历史、文化、社会、经济等多个方面。为了更深入地理解这一概念，可以结合具体作者的论述进行深度分析和阐述。

从社会价值的角度来看，文化资源承载着一个社会的历史记忆和文化传承。它们是社会和民族的精神财富，反映了社会的价值观和生活方式。这种观点强调了文化资源在维系社会认同、促进民族团结以及推动社会进步方面的重要作用。例如,中国的传统节日、习俗、艺术、建筑等都是宝贵的文化资源,它们不仅记录了中华民族的历史和文化,还传递着人们对美好生活的追求和对和谐社会的向往。

从教育价值的角度来看,文化资源是教育的重要组成部分。它们能够拓宽人们的知识面,促进个体的全面发展。通过接触和学习文化资源,人们可以了解历史事件、艺术成就、科学发现等,培养自己的人文素养和审美能力。在教育领域,文化资源不仅为教学提供了丰富的内容和素材,还为学生提供了实践和体验的机会,有助于培养学生的创新精神和实践能力。

从经济价值的角度来看,在文旅产业中,文化资源被转化为文化产品和服务,为经济发展提供了新的增长点。例如,电影、音乐、出版、艺术品等文化产品以及文旅、节庆活动等文化服务都是基于文化资源进行创意和开发的。这些文化产品和服务不仅满足了人们的精神文化需求,还创造了经济效益,推动了相关产业的发展。

从可持续性和可再生性的角度来看。与自然资源不同,文化资源不会因为使用而枯竭或消失。相反,通过合理地开发和利用,文化资源可以不断被创新和发展,为人类社会提供源源不断的文化财富。这种可持续性和可再生性使得文化资源成为人类社会可持续发展的重要支撑。

综上所述,文旅资源是指那些具有文化价值、能够满足人们旅游需求、并被开发利用以产生社会效益和经济效益的各种事物和现象。它们是人类历史和文化的重要载体,包括历史遗迹、文化艺术、民俗风情、节庆活动、自然景观等各种具有文化内涵和吸引力的资源。通过科学规划、合理开发和有效管理,文旅资源能够为旅游业提供丰富多彩的产品和服务,满足消费者的多元化需求,推动旅游业的繁荣和发展。在文旅资源的开发利用过程中,应注重保护文化遗产、传承历史文化、弘扬民族精神,实现文旅资源的可持续利用和社会共享。

## 第二节 文旅资源的特点与价值

文旅资源作为旅游业的重要组成部分，具有其独特的特点和无可替代的价值。这些特点和价值不仅为旅游业的发展提供了强大的支持，更是推动了文化的传播和地方经济的增长。

### 一、文旅资源的特点

#### （一）综合性

文旅资源的综合性是一个复杂而多维的概念，它首先体现在文旅资源本身的构成上。以自然景观为例，常常能看到，一个引人入胜的景观往往不是由单一元素构成的，而是多种自然元素相互作用、共同呈现的结果。比如，壮丽的山岳景观，不仅仅是一座孤零零的山峰，而是包括了高耸挺拔的山体、郁郁葱葱的林地，以及环绕其间的云雾等多种元素。这些元素相互映衬、相互补充，共同构成了一幅完整的自然画卷。

同样地，在峡谷景观中，深邃的谷地、潺潺的河水以及覆盖其上的林地等元素共同作用，形成了独特的美景。而一些更为短暂和变化多端的气象、天象景观，如彩虹、夕阳、佛光等，更是阳光光线与特定大气条件相结合的产物。这些景观的形成不仅要求有合适的自然条件，还需要在特定的时间、地点和角度下才能被观赏到，充分体现了文旅资源的综合性的复杂性。

除了自然景观外，人文文旅资源也具有综合性的特点。以古村落为例，一个保存完好的古村落不仅仅是一堆老房子，而是包括了多种物质和非物质要素。这些要素包括了影响村落与环境关系的生态要素，如风水、地貌、水文条件等；也包括了村落的建筑物和构筑物体系等物态要素，如牌楼、民居等；还有形成古村落的文化艺术的文态要素，如牌匾、绘画、雕刻等；以及反映村落社会生活的情态要素。这些要素相互交织、相互影响，共同构成了古村落独特而丰富的历史文化内涵。

文旅资源的综合性还表现在文旅资源开发上。由于单一资源的开发往往对旅游者的吸引力有限,因此在实践过程中,开发者常常会将不同类型的文旅资源结合起来共同开发,以形成互补优势。例如,在开发一个以湖泊为主的风景区时,开发者可能还会考虑将周边的山丘、林地、古建、古桥等资源一并纳入开发范围,形成一个综合性的旅游景区。这样做的好处是可以丰富旅游产品的内容,提高旅游者的满意度和停留时间,从而增加旅游收入。

综合性也要求文旅资源的开发与保护中都应具备整体的眼光和联系的方法。在开发过程中,应该从联系中寻找解决问题的方法。例如,在保护一个古村落时,只有综合考虑各种因素,才能实现文旅资源的可持续利用和保护。

### (二)地域性

地域性是指文旅资源在地域上的分布具有一定的范围,存在明显的地域差异,并带有强烈的地方色彩。这一特点是由多种因素共同作用的结果。

自然环境的地域差异是导致文旅资源地域性的主要因素之一。由于地球表面的纬度、地貌、海陆位置等因素的影响,各地的气候、水文、地貌、动植物等自然条件都有所不同,从而形成了各种独特的自然景观。

人文景观的地域性也是文旅资源地域性的重要表现。人文景观与自然环境有着紧密的联系,尤其是在农业社会及其以前的历史时期,人文景观对自然环境的依赖更为强烈。不同地区由于历史、民俗等方面的差异,形成了风格各异的建筑、风俗习惯等人文景观。例如,不同民族的风俗习惯、村镇民宅、节庆活动等都具有鲜明的地域特色,这些特色也是吸引游客的重要因素之一。

地域性是旅游流产生的根本因素之一。不同地方的自然与环境各不相同,而旅游者天生有求新、求异的心理需求,这使得旅游者在一定的条件下会跨越空间限制前往异地游览。在现代旅游开发中,要求充分挖掘各地的资源特色,开发独特的旅游产品,以满足游客的需求。只有突出自身的特色，才能在旅游市场竞争中获得优势。

随着科学技术的发展和全球化的加速，人文景观的地域性正在逐渐削弱。在全球范围内，随着经济一体化浪潮的掀起，人文景观正在经历景观趋同、特色消失的过程。因此，保护现有富含人类历史信息和地方信息的特色景观资源变得尤为重要。只有通过有效地保护和管理，才能维护旅游资源的可持续利用和发展。

## （三）旅游资源的不可移动性

旅游资源的不可移动性意味着这些资源在地域上是固定的，这一特性为旅游资源赋予了独特的垄断性，使得某一地区的旅游资源无法在其他地方得到完全复制或取代。

自然旅游资源是大自然的杰作，它们是在特定的自然地理环境下形成的。由于其规模往往巨大或与地理环境的紧密联系性，使得这些资源难以被移动或改变。例如，长江三峡、壶口瀑布、桂林山水等资源，都是在特定的地理环境下形成的自然景观，无法通过人工力量将其搬迁或异地再现。

人文旅游资源是在特定的地域环境和历史条件下的人类社会产物。它们的价值主要体现在所包含的人类社会、历史信息的丰富性上。由于这类资源与其生成环境紧密联系，人为割裂其环境联系，会影响到文旅资源所承载信息的完整性、原生性和真实性，从而降低资源的价值。

文旅资源的不可移动性对旅游业的发展有着深远的影响。首先，由于文旅资源的开发需要在当地进行，这使得旅游者必须离开常住地前往资源所在地才能完成旅游活动。因此，旅游地的服务设施、行业等也会被纳入旅游业中，成为其重要的组成部分。其次，旅游地或旅游产品的质量不仅受文旅资源质量的影响，还受交通、住宿、接待等服务行业的影响。因此，在开发文旅资源时，需要综合考虑各种因素，确保旅游业的可持续发展。

文旅资源的不可移动性是这些资源的重要特点之一。它不仅使得文旅资源具有地域垄断性，也影响着旅游业的发展和规划。在开发文旅资源时，需要充分认识到这一点，并采取相应的措施，确保旅游业的可持续发展。

### （四）文旅资源可重复开发性

与其他资源不同，文旅资源在妥善保护的情况下是可长期反复利用的。当人们消费旅游产品时，资源并不会随之消耗掉。文旅资源可以进行重复利用，开发过的文旅资源在新一轮的开发中或更深层次的开发中仍然可以作为资源来对待。

为什么文旅资源可以重复利用呢？这主要归因于以下几个因素：

第一，任何文旅资源开发出的旅游产品都存在生命周期。这意味着它们会经历起步、发展、平稳和衰退的阶段。一旦旅游产品进入平稳或衰退期，为了保持其吸引力和竞争力，开发者需要积极开发新的适销对路的产品。这样，即使是对同一文旅资源的利用，也可以在不同的生命周期阶段中得到不同的产品。

第二，随着旅游业的发展和人们旅游需求的变化，对同一文旅资源或旅游地进行深度开发是必要的。从最初的观光旅游到特色旅游、专题旅游，开发者需要不断地进行产品创新和升级，以满足市场的变化需求。这不仅有助于保持旅游地的吸引力，还能更好地挖掘和发挥文旅资源的潜力。

第三，随着科技的不断进步和应用，高科技在文旅资源开发中的作用和地位也变得越来越重要。增加科技含量已成为深化旅游开发及创新的重要内容。通过高科技的应用，不仅可以提高旅游产品的质量和吸引力，还能更有效地挖掘和发挥文旅资源的潜能。

文旅资源的重复利用主要归因于其生命周期的特性、市场需求的变化以及高科技的应用。为了确保旅游业的可持续发展，开发者需要不断地进行产品创新、深度开发和高科技的应用，以适应市场的变化和满足游客的需求。

### （五）文旅资源的观赏性

文旅资源与其他资源的最大区别在于其美学特征，即具有观赏性。

无论旅游者的动机如何多样化，或旅游的内容如何丰富多彩，观赏活动通常是所有旅游过程中不可或缺的部分，有时甚至是整个旅游活动的核心。

无论是西湖的湖光山色、塞外的壮美风光，还是那些多姿多彩的文物古迹、民族风情和美食佳肴，它们都具有观赏价值，能够吸引人们的目光。这种观赏性是构成文旅资源吸引力的基础要素。通常，文旅资源的观赏性越强，对旅游者的吸引力就越大。

在众多的文旅资源中，有些因其观赏性强而成为世界著名的旅游胜地。例如，中国的万里长城、秦兵马俑，桂林的山水美景等都是因其观赏性强而成为著名的旅游景点。

基于观赏性的基础地位，美学价值在文旅资源的开发中占据着重要的地位。从某种意义上说，文旅资源的开发就是将资源中蕴含的美充分展现出来，使游客能够欣赏和享受这些美。在这个过程中，游客不仅能够发现美、欣赏美，还能创造美，从而获得愉悦感。因此，美学效果是衡量文旅资源开发利用程度及效果的主要标准之一。

为了使游客在旅游过程中能够充分地欣赏和享受美，合理的开发方式是必不可少的。这需要将文旅资源中的美充分展现出来，使游客能够察觉和享受这些美。同时，开发者还需要考虑如何使游客在旅游过程中获得生理和心理两方面的美的享受。这样，旅游活动不仅能够满足游客的审美需求，还能够起到陶冶性情、磨练意志、树立理想、提高素质和培养情趣的作用。

由于游客的性格、气质及审美能力、水平的差异，以及自然和人文旅游资源的美感、丰度、价值、结构和布局因时因地的不同，文旅资源的欣赏是多层次和多样性的。因此，为了满足不同类型和不同阶段旅游市场的需求，旅游开发需要注意资源的多样性和层次性。

旅游审美涉及主体与客体两个方面。除了对旅游景观的美化外，还需要加强美育工作，提高全民的审美能力和鉴赏水平。这样，旅游活动将更加有意义，能够更好地满足游客的审美需求，并提升其品质和效果。

## 二、文旅资源的价值

### （一）旅游资源价值合理评估

旅游资源作为旅游业发展的基石，其价值评估在资源开发过程中起到了至关重要的作用。这不仅关乎旅游业的可持续发展，更是对文化传承和保护的重要考量。对于文旅资源来说，其价值评估不仅是经济潜力的预判，更是对历史、文化和艺术价值的深入挖掘和认知。

首先，对文旅资源的价值评估有助于更全面、深入地认识这些资源的真正价值。很多时候，这些资源的价值被隐藏在表象之下，不易被察觉。通过科学、合理的评估方法，可以将这些潜藏的价值显性化，使其系统、清晰地展现出来。这不仅有助于管理者和民众对这些资源有更深入的了解，也为后续的保护和开发利用提供了坚实的理论基础。

其次，价值评估是连接文旅资源与市场的关键纽带。文旅资源的价值要想得到充分体现，必须借助市场的力量。而市场作用的发挥，又离不开对资源的深入了解和认知。通过价值评估，可以明确资源的核心价值、市场定位以及潜在的消费群体，从而制定出更符合市场需求的开发策略。这样，资源不再是静止的存在，而是变成了流动的资本，为地方经济社会发展注入新的活力。

此外，价值评估还有利于文旅资源的合理、有效开发。在开发过程中，不仅要考虑资源的经济效益，更要关注其社会效益和生态效益。通过价值评估，可以对资源的特点、优势和劣势进行全面的考察、分析，从而为资源的合理开发提供明确的方向和指导。同时，这也有助于将资源的消耗纳入开发成本。只有实现资源的可持续发展，才能确保旅游业的长期繁荣。

为了实现文旅资源的合理评估和有效开发，需要采取一系列措施。首先，建立健全评估体系和方法是关键。这需要吸纳多学科的专业人才，共同研究和制定评估标准和方法，确保评估的科学性和准确性。同时，加强评估结果的运用也是重要的一环。通过对评估结果的综合分析，可以制定出更有针对性的开发策略和保护措施。此外，加强宣传教育也是必不可少的环节。只有让更多的人意识到文旅资源的重要性，才能形成全社会共同参与保护和开发的良好氛围。

总之，对文旅资源价值的合理评估是实现资源有效开发和旅游业可持续发展的重要前提。通过深入挖掘和科学评估这些资源的价值，可以更好地传承历史文化、促进地方经济发展、保护生态环境，为人类文明的繁荣和发展作出积极贡献。

## （二）文旅资源的价值

文旅资源在旅游中的价值主要体现在以下几个方面。

### 1. 经济价值

文旅融合能够带来显著的经济效益，通过开发和利用各类文旅资源，如历史遗迹、文化遗产、民俗文化、自然与人文景观等吸引游客，增加旅游收入，促进地区经济发展。

旅游业的发展有助于创造就业机会，带动餐饮、住宿、交通、娱乐等相关产业的增长。

### 2. 文化价值

文旅资源是民族文化和地方特色的重要载体，通过旅游活动可以传承和发扬本土文化，提升文化的影响力和传播力。

游客在体验过程中对目的地文化的理解和接纳，增强了文化认同感，促进了不同文化间的交流互鉴。

### 3. 教育价值

文旅具有一定的教育功能，可以让人们在游览中学习历史、艺术、科学知识，增进对人类文明和自然环境的认知与尊重。

通过保护和合理利用文化遗产资源，能够实现遗产地的可持续发展，并推动社会公众对文化遗产保护意识的提高。

### 4. 社区与社会价值

利用文旅资源进行适应性再利用，可为地域建筑遗产和社区传统生活方式提供保护和振兴的机会，维护当地的社会结构和文化生态平衡。

文旅还可强化民族形象塑造，增强国家或地区的软实力，提升国际知名度。

5. 创意价值

文旅资源能够激发文化创意产品的研发，将传统文化元素融入现代设计中，创造出独特的旅游商品和体验项目，丰富旅游产品体系。

综上所述，文旅资源的价值是多元化的，不仅表现在直接的经济收益上，还在于其深远的文化、教育和社会影响。随着人们对旅游体验品质要求的提高，文旅资源的深度挖掘和创造性转化显得尤为重要。

## 第三节　文旅产品的设计与开发研究

### 一、文旅资源的调查

#### （一）文旅资源调查

根据新的定义，旅游资源调查是指运用先进的技术和方法，有目的、有系统地收集、记录、整理、分析和总结旅游资源及其相关因素的信息与资料，以全面了解旅游资源的存量状况、质量状况、开发利用现状等，从而为旅游经营管理提供更为客观、准确的决策依据的活动。

对于文旅资源调查，其定义也相应进行了更新和调整。它是指运用现代科技手段和最新的方法论，有目的、有系统地收集、记录、整理、分析和总结文旅资源及其相关因素的信息与资料，旨在准确评估文旅资源的保存状况、开发潜力和价值，并为文旅资源的经营管理提供更为全面、可靠的决策依据，以推动文旅事业的可持续发展。

为了确保文旅资源调查的准确性和时效性，需要不断更新数据和资料。这包括采用最新的技术手段进行数据采集和整理，定期进行全面的文旅资源调查和评估，动态监测文旅资源的状况，及时更新文献资料和研究动态，以及加强跨部门合作与信息共享。

通过不断更新数据和资料，可以为文旅事业的发展提供更为科学、准确和可靠的决策依据，促进文旅的可持续发展。同时，这也需要不断学习新的知识和技术，不断提高调查和分析的能力和水平。

1. 文旅资源调查的类型

(1)文旅资源详查。文旅资源详查是一项系统而全面的勘查工作，其核心是对区域内所有的文旅资源进行深度、细致且完整的梳理和评估。这项工作要求调查人员对整个区域内的每一种文旅资源单体进行实地考察和详细记录，包括但不限于历史遗迹、民俗文化、自然景观、非物质文化遗产、艺术作品、传统工艺以及与之相关的各种活动等。这一阶段强调的是全方位、深层次的摸底调查，旨在为后续的文旅旅游产品设计、规划和管理提供扎实的数据支持和科学依据。

(2)文旅资源概查。文旅资源概查则是一种针对特定区域或特定类型的文旅资源所进行的初步性、概括性的调查研究。它会根据实际需求，选定某一具体地理范围或是某种特定类型的文旅资源作为研究对象，如单一的历史文化街区、某类传统手工艺、特定的民俗风情区等。在概查阶段，主要关注该区域或类型的代表性、独特性和市场吸引力，分析其在地区乃至全国文化脉络中的地位和价值，评估其在旅游业发展中的作用和前景。概查工作虽不像详查那样深入细致，但同样强调针对性和专业性，通过合理分类、归纳总结，能够快速了解并掌握目标资源的基本状况和发展潜力，为制定具有针对性的文旅发展规划和策略提供方向性指导。

2. 文旅资源调查的内容

(1)文旅资源环境调查

①自然环境调查。自然环境作为文旅资源的基础，对其的调查与评估是文旅资源调查的重要组成部分。一个地区的自然环境不仅为其文旅资源提供了物质基础，同时也塑造了其独特的景观和风情。对文旅资源调查的主要内容包括对调查区的概况、地质地貌、水体、气象气候、动植物等基本情况进行调查。

②人文及政策环境调查。区域人文环境与政策环境在很大程度上决定了不同地区之间文化的差异，这些差异进一步导致了各种独特的文化

现象。这些特有的文化现象正是文旅资源的重要组成部分,为文旅产业的开发提供了丰富的资源。区域内的法律政策为文旅开发者提供开发的主要法律依据。

(2)文旅资源本身

主要是对文旅资源的类别、特点、成因、组合状况、等级进行调查,并且获得相关的照片、分布图、录像等。

(3)开发状况及开发条件调查

①开发状况调查。对文旅资源的开发现状进行调查是资源评估的关键环节。通过这一调查,可以明确资源当前的开发程度,判断其是否已得到充分、部分或完全未开发,进而评估其进一步开发的潜力和余地。

②开发条件调查。对文旅资源所在地的调查,除了资源本身的状况,还需要考虑其与周边环境的协调性和开发条件。其中,住宿、交通、餐饮、游览、娱乐和购物等六大要素是游客体验的重要组成部分,也是开发中需要考虑的关键因素。

### 3.文旅资源调查的方法

(1)询问调查法。文旅资源作为独特的旅游资源,往往承载着深厚的文化底蕴,并与特定的社群和群体紧密相关。这种方法一般分为对文旅资源所在管理部门管理人员、当地居民和游客等几部分。可以采用面谈、问卷调查等方式。

(2)资料统计法。搜集现有相关资源资料是评估文旅资源价值的重要手段之一。对于已经开发的文旅资源或者普及度较高、资料比较丰富的资源,这种方法尤为适用。通过系统地搜集和整理现有资料,可以进行深入的统计和分析,从而更准确地预测资源的潜在价值。

(3)实地调查法。对文旅资源进行系统的、详细的调查是确保其合理开发和保护的关键环节。通过观察、踏勘、登录、摄像等手段直接接触资源,结合调查人员的感性认识和理性分析,可以获得真实可靠的一手资料,为文旅资源的可持续发展提供有力支持。

4. 文旅资源调查过程

文旅调查是一个复杂的过程，大致可以分为以下几个步骤：

(1)调查前的准备工作。在文旅资源调查之前，做好充分的准备工作至关重要。通过组建专业团队、联系相关人员、进行培训、明确目标和计划，以及制定分类体系和问卷表，可以确保调查工作的顺利进行，并为后续的开发和保护提供有价值的信息。

(2)具体调查实施。在进行文旅资源详查或概查的过程中，信息收集工作至关重要。首先，通过多途径、多元化的方式广泛获取二手信息资料是初步了解和分析文旅资源的基础步骤。这些渠道包括但不限于与文化部门、旅游管理部门建立紧密联系，获取官方发布的各类统计数据、研究报告和政策文件；深入研究行业内部发布的期刊、专辑、会议论文等专业文献资料；利用互联网搜索引擎和数据库如知网等数字化平台，检索相关研究成果、新闻报道以及网络用户评价等内容。

收集的二手信息资料种类繁多，可能包含历史档案、地图资料、学术论文、项目报告、调查数据、口述历史录音等多种形式。尽管此类信息搜集速度快且成本相对较低，但必须对其真实性、准确性和时效性进行严格把关。在甄别过程中，应当对每一份二手资料的来源、作者资质、发布日期等因素进行仔细核实，确保其能够为此次文旅资源调查提供可靠依据。然而，二手资料仅能作为调查工作的起始点和参考框架，对于深入了解旅游资源的真实现状及其潜在价值，实地考察获取一手资料才是至关重要的环节。调查人员需亲临现场，通过观察、访谈、记录、拍摄等方式，详细收集有关地质地貌特征、生态环境状况、文化遗产保存情况、民俗活动开展实况以及当地居民生活状态等方面的一手资料。一手资料具有更高的可信度和详尽度，它能够补充和完善二手资料中的不足之处，揭示出更为鲜活、立体的文旅资源面貌。同时，通过对一手资料的分析和比对，可以进一步验证和修正之前获取的二手信息，从而形成更加全面、准确、客观的调查结果，为后续的文旅资源开发与保护工作奠定坚实基础。

(3)分析获得成果阶段。通过对各类一手和二手资料的广泛收集、系统整理与深入分析，调查人员将逐步积累丰富的数据信息，并提炼出关键内容。经过精心编撰和汇总，这些丰富的调查成果将以相关调查报告的形式呈现出来。

## （二）文旅资源评价

随着自然旅游资源的不断被开发，文旅资源同样被人们所重视，对文旅资源价值的确定，一直受到人们的普遍关注。然而对文旅资源价值的评判是一项复杂的工作，有很多方面的原因。既有文旅资源本身的原因，也有人的因素，不同的人对同一种文旅资源可能会产生完全不同的认识。

### 1. 文旅资源评价的定义

对于文旅资源评价的定义，不同人有不同的看法。这里将文旅资源评价定义为：在文旅资源调查的基础上，为满足文旅资源保护和开发的需要，通过定性、定量的方法对文旅资源进行评判和鉴定的过程。

文旅资源评价是对文旅资源调查更深入地分析和研究，也是进行文旅资源保护和开发的前提。只有客观、真实地对文旅资源进行评价，才能做到对文旅资源更好的保护和开发。

### 2. 文旅资源评价的意义

（1）文旅资源评价可以真实地反映文旅资源的开发价值，为文旅开发提供科学的依据。

（2）文旅资源评价可以突出资源的特色，成功打造品牌。

（3）文旅资源评价可以确定旅游开发项目，设计旅游开发顺序。

### 3. 文旅资源评价的原则

（1）定性与定量相结合。定量评价是一个很好的评价方法，通过定量评价，可以很具体地比较出资源的不同、价值的大小；但文旅资源具有很多特点，比如文旅资源的地区性，一个地区的人可能觉得文旅资源价值很大，另一个地区的人觉得没有价值，所以，此时必须使用定性的评价方式，客观地评价文化资源，要做到文旅资源的定性评价和定量评价结合起来。

（2）多角度综合评价。文旅资源具有多种特征，单单从一个角度对文化资源进行评价，必然得不出一个客观、公正的评价结果，因此必须从多个角度出发，考虑到文旅资源的多方面特征，这样的评价结果才可以作为文旅资源开发的依据。

(3)发展的眼光看待文旅资源。文旅资源区别于其他旅游资源的一个特点在于文旅资源的文化特性。文化是一个民族的生活习惯、习俗和语言等，它是随着该民族的发展而不断发展变化的，所以在对资源进行评价时也要用发展的眼光去看待文旅资源。

(4)实事求是的眼光对待文旅资源。文旅资源的存在是客观实在的，不管人们有没有发现它们，有没有重视它们。因此，在对文旅资源进行评价的时候，一定要本着实事求是的态度去看待它们，实事求是地对文旅资源进行评价，找出它们真实的特点、价值。

4. 文旅资源评价的内容

(1)对文旅资源自身的评价。对文旅资源的评价，首先就要对资源进行评价，从而确定资源的价值大小，对文旅资源的评价主要分为以下几个方面。

①资源的质量。文旅资源的质量包括文化特色(文旅资源区别于其他资源的特点)、知名度、独特性、稀缺性等几个方面。对文旅资源而言，其本身质量决定了该文旅资源的质量。

②文旅资源的价值。文旅资源价值包括文化资源的文化价值、时间价值(需考虑文旅资源的历史久远性，稀缺性，生成年代的社会经济发展水平，比较优势，可替代性、复制和传承能力)、消费价值和历史文化资源的保护等级等要素。

③文旅资源的规模及组合分布。文旅资源规模包括文化资源的种类、规模、数量、密度等，文旅资源规模的评价可以确定文旅资源开发的大小。文旅资源的组合和分布主要是对文旅资源的组合状况进行评价，确定文旅资源的组合价值。

④文旅资源的容量和开发潜力。文旅资源的容量可以确定文旅资源可容纳的最多游客数量，确定文旅资源的开发规模及文旅资源继续开发的可能性。

(2)对文旅产品市场评价。也就是对文旅产品的消费市场进行评价，市场分析既要考虑市场的区域分布、人口统计，也要分析本地消费者和外来消费者的消费心理、市场行为，所以要大力推进经营性文化的市场化和商业化。

(3)对文旅资源效用的评价。包括该文旅资源会产生的社会效用；对经济发展产生的作用，也就是经济效用；能否彰显某地区或者某种民族的风俗礼仪；对公众道德产生何种影响；还要考虑对资源消费人群产生何种影响。

(4)对文化资源开发条件的评价。

①区位条件。与客源地的距离；与中心城市的距离；交通的可及性；与相邻区域的关系。

②区域经济发展背景条件。对文化产业的发展投入比较大，如果没有良好的区域经济作支撑，很难可持续性发展。

③基础设施条件及用地条件。

④环境因素。自然生态环境、社会环境、文化环境、投融资环境。

⑤对客源市场条件能否达到文旅资源开发的需要进行评价。

5. 文旅资源评价的方法

(1)问卷评价。适用于不可度量的文化资源，一般以文化资源评价指标体系的各级指标的量化为基础，采取定性与定量相结合的方式进行。

对于下列文化资源类型，特别适合进行问卷调查评价：民俗文化类资源，区域性人文资源，饮食文化资源，地域文化，乡土风情，民族音乐。

(2)专家系统评价。专家系统是系统论的一个基本概念，就是要通过对多名专家的意见征询，经过科学合理的总结评审，做最后的评价。常用的方法是德尔菲法。

(3)统计报表评价。统计报表法的评价是对文化资源基础资料进行收集和整理的一个重要途径。

## 二、文旅资源的保护

在全球旅游业的蓬勃发展中，旅行的意义和需求正在发生深刻变化。

以往,人们在旅行中更多地倾向于欣赏壮丽的自然风光、享受休闲时光;然而随着时代的发展和人们对生活品质追求的提升,旅游体验的内涵已逐渐丰富并深化。如今,越来越多的旅行者开始寻求深度的文化沉浸和心灵触动,他们期待通过旅行,亲身体验和感知目的地的独特文化历史、风土人情和社会风貌,从而实现对世界多元文化的理解和尊重。

那些拥有丰富且独特文化遗产的地方,诸如古老的历史遗迹、传统手工艺、民族风情、地方戏曲、特色建筑以及非物质文化遗产等,正逐渐成为全球旅游市场的热门选择。这些文旅资源不仅是地区发展旅游业的核心竞争力,更是传承人类文明、彰显地域特色、构建地方认同的重要载体。在积极开发和利用这些特色文旅资源的过程中,如何妥善保护和管理好这些珍贵的文化遗产,使其免受过度商业化、破坏性开发的影响,以确保其原真性和可持续性,成为摆在面前的重大课题。需要在推动文旅业发展与文化遗产保护之间找到一个恰当的平衡点。

制定科学合理的文旅资源规划是关键。应充分考虑资源的承载力,遵循最小干预原则,实施适度开发,并建立完善的法规制度,确保所有开发活动都在合法合规的前提下进行。强化科技手段在文化遗产保护中的应用,运用现代技术对文化遗产进行数字化记录、监测和维护,以降低人为因素对其造成的损害。加大教育宣传力度,提高全社会对文化遗产保护重要性的认识,培养公众参与保护的积极性,形成政府引导、社区协同、公众参与的良好保护格局。鼓励创新模式,探索兼顾经济效益与社会效益的文旅发展模式,如推行绿色旅游、生态旅游,倡导负责任的旅游消费观,让游客在体验和享受文化的同时,也成为文化遗产的尊重者和守护者。

只有将保护与利用有机结合,才能真正实现当地特色文旅资源的永续利用,让丰富的文化遗产为地区的旅游产业注入持久的生命力,也为全人类的文化多样性做出贡献。

### (一)深入了解当地文化,制定针对性地保护措施

在开发旅游资源之前,需要对当地文化进行深入的调研和了解。这

不仅包括了解当地的历史、传统、习俗、艺术、音乐等方面,还需要了解当地居民的生活方式、价值观和信仰。通过深入了解,可以确定哪些文化元素是需要重点保护的,并制定相应的保护措施。

为了更好地了解当地文化,可以与当地居民进行交流,参观历史遗迹和文化场所,参加当地的节日和活动,品尝当地的美食等。同时,还需要借助专业的文化研究机构和文化专家的力量,对当地文化进行深入研究和分析,以便更好地制定保护措施。

对于需要重点保护的文化元素,可以采取一系列的保护措施。例如,建立博物馆、文化中心等设施,对当地的文化遗产进行保护和展示;通过法律法规制定保护政策,防止文化遗产被破坏或流失;鼓励当地居民参与文化保护工作,提高他们的文化自豪感和保护意识;对当地的文化传承人进行认定和保护,促进文化的传承和发展。

### (二)合理规划旅游开发,避免过度商业化和破坏性开发

旅游开发是推动当地经济发展的重要途径,但在开发过程中,需要避免过度商业化和破坏性开发。在规划旅游开发时,需要考虑当地文化的保护和传承,确保旅游开发与当地文化相融合,而不是对其造成破坏。

为了实现合理规划旅游开发的目标,需要采取一系列的措施。例如,制定科学的旅游发展规划,明确发展的目标和方向;加强对旅游项目的审查和管理,防止不良项目对当地文化和环境造成破坏;注重旅游设施的建设和管理,确保其与当地文化和环境相协调;加强旅游从业人员的培训和管理,增强他们的文化素养和环保意识;完善旅游服务体系,提高游客的满意度和忠诚度。

### (三)加强文化教育,增强公众保护意识

保护当地特色文旅资源不仅需要政府的支持和管理,还需要广大公众的参与和支持。因此,需要加强文化教育,增强公众的保护意识。通过开展各种形式的文化教育活动,例如文化讲座、展览、演出等,向公众普及当地文化的历史和价值,让他们更好地了解和认识当地文化。同时,还可以通过开展志愿者活动、成立文化保护组织等方式,鼓励公众积极参与文

化保护工作。

为了更好地增强公众的保护意识，还需要加大宣传和教育力度。例如，在旅游景点和公共场所设置宣传栏和标语，提醒游客注意保护当地文化和环境；通过媒体和教育机构进行宣传和教育，提高公众对当地文化的认知度和重视度；加强对青少年的教育和培养，让他们成为当地文化的传承者和保护者。

### （四）创新旅游产品，丰富旅游体验

随着旅游业的发展和竞争的加剧，需要不断创新旅游产品，丰富旅游体验，以满足游客的需求。例如，开发具有当地特色的手工艺品、美食和文化体验项目等，让游客更好地了解和体验当地文化；在旅游景点设置互动体验项目，让游客更加深入地了解当地的历史和文化；推出特色旅游线路和主题活动，满足游客的不同需求和兴趣；加强与周边地区的合作和联动，实现资源共享和优势互补。

### （五）加强法律法规建设，规范管理

为了更好地保护和利用当地特色文旅资源，需要加强法律法规建设，规范管理。政府应制定相关法律法规，对旅游开发、文化保护等方面进行规范和管理。例如制定严格的建筑保护法规对传统建筑进行保护；制定旅游管理法规规范旅游业的发展；制定环境保护法规确保生态环境的可持续发展。同时还需要加大对旅游市场的监管力度防止不法经营行为对当地文化和生态环境造成破坏。

此外还需要加大监管力度确保各项法规得到有效执行。例如建立健全的执法机制加大对违法行为的查处力度；加强与相关部门和机构的合作和协调形成监管合力；鼓励公众参与监管提高监管的透明度和公信力。通过这些措施可以更好地规范管理当地的旅游业和文化保护工作为当地经济的可持续发展注入新的动力。

合理保护和利用当地特色文旅资源是实现可持续发展的重要途径。需要采取多种措施，加强保护意识教育、创新旅游产品、规范管理等。只有这样才能够确保当地文化的传承和发展，同时为旅游业注入更多的文

化内涵和吸引力。这不仅有利于当地经济的可持续发展,也有利于全球文化的多样性和交流。

## 三、文旅产品的类型与特点

### (一)文旅产品的类型

#### 1.按流通形式分类

(1)导购文旅产品

导购文旅产品往往是作为旅游行程中有意安排的购物对象,这类商品必须是当地最具特色和货真价实的商品,它已经成为一个国家或地区非常有代表性的商品。

(2)自选文旅产品

即旅游者在旅游目的地的市场上可以自己选购的旅游产品。旅游地的所有消费品均可以成为旅游者的购物目标,地点可以是摊棚摊点、景点商店等,所以其购物范围远远超出旅游购物商品专营市场和专营商店的范围。

#### 2.按原料分类

这种分类方法是以旅游产品的原材料为标志,对其进行系统划分。一般来说,可以将文旅产品划分为以下三类。

(1)植物性文旅产品

植物性文旅产品即以植物性原料制成的旅游产品,如根雕、盆景、竹艺品、木艺品等。如浙江乐清的黄杨木雕、安徽黄山的竹雕、四川的瓷胎竹编、吉林树皮画、福州软木画、广东潮州的麦秸贴画都属于此类文旅产品。

(2)动物性文旅产品

动物性文旅产品即以动物原料制成的旅游产品,如皮制品、毛织品、动物性工艺品等。如俄罗斯的毡靴、澳大利亚的羊毛毯、浙江海宁的皮革、藏族的牛角饰品和耗牛奶酥油都属于此类文旅产品。

(3)矿物质文旅产品

矿物质文旅产品即以矿物质原料制成的旅游产品,如陶瓷制品、金银饰品、宝石玉器等。南非的钻石、江西景德镇的瓷器、江苏宜兴的紫砂茶壶、北京的景泰蓝和玉器、云南的斑铜、浙江的龙泉剑、甘肃酒泉的夜光杯都属于此类文旅产品。

3. 按属性分类

旅游产品按其属性分类是目前比较常见的一种分类方法,具体来说可以将旅游产品分为以下五大类。

(1)文旅纪念品

旅游纪念品是旅游产品的主体。旅游纪念品是对旅行游览有纪念意义的商品,是各种各样的标有产地地名,或用产地的人或事物特征作商标的商品。它主要以旅游景点的文化古迹或自然风光为题材,利用当地材料制成等,可以表现各地风俗民情和名胜古迹的特点,具有浓郁的民族和地方特色。有人比喻旅游纪念品是一个地区的名片,旅游者可以从中感受到旅游地的独特之处并作为良好的礼物馈赠亲朋。如陕西的秦俑制品、湖南韶山的毛主席像章、山东潍坊的风筝都是旅游者心中最具有当地标志性色彩的旅游纪念品。

(2)文旅工艺品

旅游工艺品是以旅游目的地的文化古迹或自然风光为题材,利用当地特有材料制成的设计新颖、工艺独特、富有纪念意义的艺术品,如丝织品、刺绣、陶瓷、金属工艺品、漆器、工艺画等。旅游工艺品与纪念品有时很难区分,但一般工艺品的欣赏功能更强,加工更为精巧,且具有特定审美意义。苏州的苏绣、天津的杨柳青木版年画、北京的绢花、浙江的西湖绸伞、宁夏的鼻烟壶等都是有代表性的文旅工艺品。

(3)旅游用品

旅游用品就是指在旅游活动中购买的具有实用性和纪念性相结合的生活用品,包括服饰和日用品两类。服饰就是指本地制造的具有地方和民族特色的绸缎、呢绒、棉毛、皮革和皮毛等。旅游日用品是在旅游过程中必需的日用品,如毛巾、打火机等。

(4)旅游食品

旅游食品是指旅游者在旅途中随身携带、食用或瓶装、匣装、袋装和其他软硬包装的食品,如土特产品、方便食品、快餐食品、风味食品等。这类食品中的土特产品一般具有浓厚的地方特色,既可馈赠亲友,又可自用和纪念。杭州西湖龙井、北京的蜜饯、西安的牛羊肉泡馍都是旅游者美味的旅游食品。

(5)其他产品

其他产品是指除以上四种产品之外的旅游产品,如文物产品及其复制品。此外,还可以按照用途、开发生产方式、标准化程度、制造方法、外观形态、生产时间、产地、包装、化学成分、市场空间等多种方法进行分类。

### (二)文旅产品的特点

旅游产品是经济和文化的重要载体,而文化作为其灵魂,赋予了旅游产品独特的魅力和价值。对于文旅产品而言,它们不仅仅是满足人们休闲和娱乐需求的商品,更是传承和弘扬地域特色文化的桥梁。与一般的旅游产品相比,文旅产品更加注重突出地域特色和文化内涵。这是因为每个地域都有其独特的历史、传统、风俗和生活方式,这些都是构成地域特色的重要元素。而文旅产品的设计灵感往往来源于这些元素,通过创意和艺术的手法,将它们融入产品中,使其具有鲜明的文化特色和独特的魅力。

这种鲜明的文化特色使得文旅产品具有不可替代性。因为它们所蕴含的文化内涵是特定于某一地域的,无法在其他地方找到相同的。这种独特性和不可替代性使得文旅产品成为旅游市场中的亮点,吸引了大量游客前来体验和购买。在开发文旅产品时,应注重深入挖掘地域特色和文化内涵,将其独特魅力展现给游客。同时,也需要注重产品的实用性和创新性,以满足不同游客的需求。通过这样的方式,文旅产品不仅能够推动当地经济的发展，还能够传承和弘扬地域文化，增强人们对传统文化的认同感和自豪感。

1. 特色性

特色性是一种地域的相对优势，取决于旅游者居住地与目的地在自然、社会文化和经济情况的对比。

(1)地方特色

地方特色是一个旅游目的地的核心吸引力，它代表了该地与其他地方的显著差异，是吸引游客的重要因素。这种特色是由多种自然和人文资源组成的复合体，可以从多个方面来定义和塑造。

第一，自然地理因素是形成地方特色的基础。由于自然环境的差异，不同地区的旅游目的地可能拥有独特的自然资源，如特定的动植物、地貌、气候等。这些自然资源不仅塑造了地域的独特风貌，还为当地的文化和社会发展提供了基础。例如，某些地区的山水风光、动植物资源或特殊的地质现象，都是吸引游客的重要因素。

第二，社会文化因素也是构成地方特色的重要方面。这包括当地的历史、传统、民俗、艺术、手工艺等。这些元素不仅展现了地域的独特魅力，还能让游客深入了解当地的文化和生活方式。例如，一些地区的传统节庆、民间工艺、美食等，都是游客所喜爱的文化体验。

第三，经济因素也对地方特色有一定的影响。不同地区在经济结构、发展水平、产业特色等方面存在差异，这些差异也会反映在当地的文旅产品中。例如，一些经济发达地区的文旅产品可能更注重科技、创意和现代艺术，而经济相对落后的地区可能更注重传统手工艺和乡土文化的传承。

第四，历史因素也是地方特色的一个重要来源。某些纪念品的生产有历史渊源，或者工艺精湛，知名度高，被称为"中华老字号"。这些具有历史价值的商品或景点是地方特色的重要组成部分，能够吸引游客前来体验和购买。

第五，地方特色与旅游景点内容密切相关。每个旅游景点都有其特定的主题和内容，这也是形成地方特色的关键因素。景点内容的独特性和吸引力决定了游客的体验和记忆，也是衡量一个旅游目的地是否具有竞争力的关键因素。

地方特色是一个旅游目的地的核心价值所在，也是吸引游客的重要因素。要打造具有特色的文旅产品，需要深入挖掘当地的优势和特色，结合市场需求和游客喜好，通过创新和创意的方式呈现给游客。这样不仅能够满足游客对异域文化的探索和体验需求，还能促进当地经济的发展和文化的传承与弘扬。

(2)民族特色

各民族的文化在其衣食住行、风俗习惯等方面都有独特的风格和特点。这些特点不仅反映了各民族的历史传统和文化底蕴，也是吸引游客的重要因素。

第一，在服饰方面，各民族都有自己独特的款式和图案。这些服饰不仅美观大方，还蕴含着丰富的文化内涵。例如，一些民族的服饰上绣有各种图案和花纹，这些图案和花纹代表着该民族的文化传统和历史。游客在购买这些服饰时，不仅可以体验不同的文化风情，还可以将这些服饰作为纪念品带回家，留作美好的回忆。

第二，各民族的风俗习惯也是其文化特色的重要体现。不同民族有着不同的节庆、婚礼、葬礼等仪式，这些仪式蕴含着该民族的文化传统和信仰。游客可以通过参与这些仪式，深入了解当地的文化和社会习俗，增强对当地文化的认同感和尊重。

第三，各民族的生活用品、家具和民居也有自己的特色。这些用品和建筑反映了该民族的生活方式和审美观念，具有独特的文化内涵。例如，一些民族的民居采用传统的建筑风格，建造材料和装饰都有自己的特色；一些民族的家具和用品上雕刻有各种图案和花纹，代表着该民族的文化传统和历史。

各民族的文化特色在其衣食住行、风俗习惯等方面都有所体现。这些特色是形成不同民族独特文化内涵的商品的基础，具有不可替代的特征。游客在旅游过程中，对这些具有民族性、民族文化深情的商品情有独钟。因此，深入挖掘和保护各民族的文化特色，将其融入旅游产品和活动中，对于推动当地经济的发展和文化传承具有重要意义。同时，也有助于增强游客对当地文化的认同感和尊重，促进文化交流与融合。

(3)主题特色

将旅游活动的主体特征融入商品之中，可以使商品具有更深的纪念意义。旅游商品不仅具备了实用性，更因为其独特的纪念价值而受到游客的喜爱。例如，帽子和 T 恤是常见的旅游纪念品。游客在游览过程中，可以选择那些融入了当地特色图案、文字或标志的帽子和 T 恤作为纪念。这些图案或文字往往代表着当地的风景、文化或历史，让人们在日常生活中也能回忆起旅行的美好时光。明信片和宣传画也是融入主题活动内容的优秀载体。一张具有当地特色的明信片，可以让人在写给亲友的信中分享自己的旅行体验；而宣传画则可以作为家居装饰，为家中增添一份异域风情。景点门票和邮票也是值得收藏的纪念品。景点门票往往印有当地著名景点的图案，而邮票则可以让人回忆起旅途中收到的每一封来自远方的信件。

此外，许多旅游目的地还会推出融入主题活动内容的特色商品，如手工艺品、土特产、特色食品等。这些商品不仅具有地方特色，更因为其独特的手工制作工艺和文化内涵而受到游客的青睐。

将旅游活动的主体特征融入商品之中，可以使这些商品成为具有纪念意义的旅游产品。这类产品不仅可以满足游客的收藏或使用需求，更可以作为礼品馈赠给亲朋好友，共同分享旅行的快乐和回忆。

2. 艺术性

旅游产品的艺术性是吸引游客的重要因素之一。它不仅要求旅游产品的设计新颖、美观，还要求其具有艺术欣赏的价值。这种艺术性可以通过多种方式表现出来，如独特的造型、精美的工艺、富有创意的图案等。

为了突出旅游产品的艺术性，需要对普通的产品进行艺术处理和加工。这可以通过雕刻、绘画、镶嵌等多种工艺手段来实现。例如，在砚台上雕刻山水人物、梅兰竹菊等图案，不仅可以增加砚台的艺术美感，还可以使其成为一件可收藏的艺术品。除了对产品本身进行艺术加工外，还可以通过创意设计来提升旅游产品的艺术性。例如，将传统元素与现代设计相结合，打造出既有古典韵味又不失时尚感的旅游产品。这种创意设计不仅可以吸引年轻人的眼球，还可以满足追求个性和独特的游客的需求。

文旅产品的艺术性还体现在其与当地文化的结合上。将当地的文化元素融入旅游产品中，可以使游客在购买产品的同时，也体验到了当地的文化特色和风情。这种文化与艺术的结合，不仅可以提升旅游产品的附加值，还可以促进当地文化的传承和发展。

旅游产品的艺术性是提升其吸引力和竞争力的重要手段之一。通过艺术处理和创意设计，将普通的产品转化为具有艺术美感、文化内涵和独特魅力的旅游纪念品，可以满足游客的审美需求和购物欲望，进一步推动旅游业的发展。

3. 文化内涵

在旅游产品的广泛定义中，并没有明确指出每一种旅游产品都必须具备鲜明的地方特色或深厚的文化内涵，尽管这通常是旅游业发展的重要驱动力和竞争优势。确实存在一些旅游产品，它们可能主要依靠价格优势、地理位置优越性，或是提供的基础服务设施等吸引游客，而不一定突出其文化属性。然而，文旅产品的核心价值恰恰在于其蕴含的丰富文化信息和地方特性，这是它与一般观光游、休闲游等旅游产品相区分的关键特征。

文化内涵虽是一个抽象概念，但它在实际的旅游产品实物中体现为“灵魂”，是赋予商品生命力和差异化的关键要素。从设计阶段开始，就需要提炼和表现本土文化的精髓，无论是建筑设计、景观规划，还是具体的旅游商品设计制作，都应该以文化为脉络，展现地方传统与现代文化的交融之美。包装上可以运用象征地方特色的图案和元素，宣传时讲述背后的历史故事和人文情感，销售过程中通过各种互动体验方式加深游客对文化的理解和感知。这样，文化内涵不仅渗透到了旅游产品的各个环节，更成为提升旅游目的地品牌形象、促进旅游业可持续发展的有力支撑。

## 四、文旅产品的开发理论研究

### (一)文旅产品开发理论基础

文旅产品开发受文化资源开发理论影响，也受市场开发理论及旅游资源理论影响，所以此处将文旅产品开发理论基础分为文化产业开发理论、市场开发理论及旅游资源理论等几个方面来分析。

#### 1.文化产业开发理论基础

(1)文化生产力理论

家庭、国家、科学、艺术等都不过是生产的一些特殊的方式，并且受生产的普遍规律的支配。生产力包括两种，物质方面的生产力和精神方面的生产力，文化生产力属于精神方面的生产力。文化生产力具有意识形态的特征，因为文化生产力具有精神生产的独特性，表现的是社会意识、社会关系等精神方面的发展成果；同时还有强烈的主观色彩，因为每个创造者将自己的精神、思想、情感等诸多因素注入文化生产过程之中；另外，文化生产力还具有非意识形态的物质性特征，因为每一种文化生产的过程必然是精神的物化过程，每一种精神产品必然要通过物质的形式表现出来。

(2)文化资本理论

资本基本类型分为三种：经济资本、文化资本、社会资本。经济资本是以财产权形式被制度化的资本，可以立即并直接转换成金钱；文化资本是以教育资格的形式被制度化的资本，在某些条件下能转换成经济资本；社会资本是由社会关系组成的，以各种高贵头衔的形式被制度化的资本，在一定条件下也可以转换成经济资本。文化资本理论为文化产业开发提供经济学理论基础，是整个文化产业存在和发展基本理论之一，因此，世界各国越来越关注文化产业的发展。

(3)文化资源产业开发的二重规律

文化资源开发不仅受一般的商品价值规律，同时因为文化对人的价值产生持久影响，所以它同时还受社会价值规律的影响。

第一，文化资源产业开发的商品价值规律。商品价值规律包括：商品价值是由生产商品的必要劳动时间决定，商品以价值为基础实行等价交换。所有的商品开发和商品交换都受价值规律的影响。商品价值规律对文化资源开发的主要影响通过几个方面产生作用，主要有：文化产业的运作受供求机制、价格机制和竞争机制的强制影响，等价交换原则、利润最大化原则渗透到文化生产、再生产过程并影响文化生产的方向、效率及文化生产经营者的选择行为。但是需要注意的是商品价值对文化资源开发而言具有局限性，主要表现在：一是人类的精神需求通常是复杂多样的，文化产品往往无法满足人类精神的需求，所以需求与满足之间的矛盾比一般物质商品的需求与满足之间的矛盾更大。二是因为文化资源具有价值影响的特殊作用，市场不能对文化资源的社会价值进行筛选，通过一般价值规律不能完全调整，需要有关部门进行市场手段之外的管理；还有一些文化产品，比如像图书馆、博物馆、歌剧院等，它们不能按照一般的价值规律进行，需要有关部门通过文化事业管理的方式进行扶持。

第二，文旅产业开发的社会价值规律。文化具有社会性的特点，文化的社会性主要特点就在于文化对人的精神产生持久性的影响，对人的价值观的产生具有重要的影响。文化社会价值体现在：消费者对文化产品或服务的价值——认知、审美、历史、科研等精神性文化蕴涵的劳动成果的确认。所以，文化社会价值规律为文化资源开发提供了一个规范，对其进行约束，使其朝着人类价值的方向发展。

2.经济学与市场学理论

旅游经济学理论认为，旅游资源开发，旅游产品的生产、消费、运行的特点，除有经济活动运行的共同规律外，还具有其本身独特的运行、消费特点与规律。旅游市场学中，旅游市场定位，旅游产品的功能定位，市场形象设计、旅游促销手段等理论，对于旅游资源开发具有重要的意义。在文旅市场定位中，影响因素主要包括所开发产品的功能特点、资源地的地理区位特点、潮流产品、客源群体的旅游偏好。

3. 可持续发展理论

可持续发展理论是指既能满足当代人的需要，又对后代人满足其需要的能力不构成危害的发展。可持续发展理论在文旅产品开发中主要表现为以下三个方面的内容：生态环境的可持续性、社会发展的可持续性、文化发展的可持续性。

4. 系统理论

系统理论主要是为旅游规划提供了理论指导。既为旅游规划提供了认识论的基础，也就是旅游规划的区域是一个系统，应该从整体上考虑如何去规划；也为旅游规划提供了方法论基础，即用系统的观点看待区域旅游发展，用系统的方法进行旅游业的开发、经营、管理。系统理论主要有以下几点作用：

(1)使旅游产业要素合理配置，从而产生最大的综合效益。

(2)全面、多角度开发旅游区。

(3)从旅游区域来看，加强区域之间旅游交流与合作，促进区域旅游业的持续健康发展。

5. 审美理论

文旅产品是美的积淀，是一个民族或多个民族文化审美的积淀。“真”“善”“美”是美的浓缩和主要表现方式。在文旅产品开发过程中，不管是什么样的文旅产品，它的开发必须符合审美的需要才能被消费者所接受。

## (二)文旅产品开发总体规划

文旅产品开发总体规划指的是在文化资源调查和评价的基础上，为实现发展目标，根据市场需求，对文化资源开发进行合理的规划和计划的过程。是在文化资源开发之前进行的一个计划设计的过程。具体可分为以下几个方面。

1. 确定发展目标

通过文旅产品调查评价，确定合适的文旅产品，通过可行性分析，确定文旅产品项目目标，目标是每个文旅产品项目的灵魂。文旅产品项目指的是某文旅产品项目发展的努力方向和所要达成的目的。文旅产品开发目标可以分为区域的经济发展目标、环境建设目标、社会发展目标、遗产保护目标等。不同的文旅项目往往有不同的目标。但是不管项目有多少目标，每个项目的目标有多不同，每个项目都有一个总体目标，这个目标必须是量化的，可以测评的。目标还可以是从时间上来区分的，分为总体目标和阶段目标。

2. 文旅产品开发的定位

定位指的是确定方向，指出方位。从文旅产品开发角度来看，指的是从不同角度确定文旅产品的特征，是文旅产品开发者为适应消费者的行为，而设计自身的形象、功能、市场和模式。所以，本教材中将文旅产品开发定位分为四个部分。

(1)形象定位

为消费者树立一个鲜明独特的自身形象，使消费者能够印象深刻，该形象可以满足消费者的兴趣或者偏好。

(2)功能定位

文旅产品适应于开展文旅活动的总体功能。

(3)市场定位

确定目标市场。确定是境外市场、全国市场还是地方市场。

(4)模式定位

按照不同的划分方式，文化资源开发可以分为不同的开发模式。如按照投资主体划分，文旅产品开发可分为：政府主导型资源开发模式、企业主导型开发模式、民间投资主导型模式、外商投资型主导模式；按照地域划分，可分为东部精品开发模式、中部特品开发模式、西部极品开发模式等。根据不同的需求，对具体的文旅产品开发项目进行模式定位。

2. 文旅资源开发规划区范围、规模和性质的确定

对文旅产品开发区域的确定，决定了文旅产品的空间规模大小。只有明确了规划区的范围和规模，才能进行具体的项目布局，进一步实施项目。

3. 项目总体布局

对项目各个要素进行布局，确定项目功能区域分布。不仅仅是对主要旅游景点、景区的布局，也要对相关配套设施进行布局和规划。因此，项目总体布局是整个项目总体规划的关键步骤，决定了项目的成败。

4. 确定开发步骤和主次

对项目中重点部分和基础部分进行确定，确认项目开发先进行哪一步，后进行哪一步，使项目合理有序地完成。

## 五、文旅产品的设计思路与方法

旅游产品开发是旅游规划与开发的核心内容，也是一项复杂的经济技术行为。在其开发规划过程中，必须树立一些正确的理念，遵循正确的途径，才能设计生产出既符合广大旅游者需求又符合旅游目的地特点，且具有市场竞争力和生命力的旅游产品。一起来看看旅游产品规划设计理念是什么，需要把握以下四点。

### （一）文旅产品的设计理念

1. 市场化理念

好的旅游产品必定是建立在市场化的基础上，并以整个市场游客的需求为出发点。这不仅是一个理念，更是开发优秀旅游产品的基石。在当今的市场环境中，游客的需求和口味变化迅速，因此，对市场的敏感度和调研的深度是决定旅游产品成功的关键。

在进行旅游产品开发前，深入而全面的市场调研是必不可少的。这包括了了解不同职业、不同年龄段、不同地域的游客的需求和习惯。通过大数据分析、市场调查、焦点小组讨论等多种方式，对市场进行全面的扫描和剖析。不仅要了解游客的显性需求，更要挖掘他们的隐性需求，以创新的产品满足市场的空白点。

合理的旅游市场定位是产品开发的重要环节。这需要明确产品的主题、风格和目标市场。精准的市场定位有助于集中资源，打造具有竞争力的产品。同时，要注重市场细分，针对某一类或某几类特定人群进行深入开发，提供个性化的服务，增强游客的黏性和满意度。

除了市场定位，资金筹措也是旅游产品开发的重要考虑因素。一个成功的旅游产品需要足够的投资来实现其规划和设计。这包括基础设施建设、宣传推广、人员培训等多个方面。因此，开发者需要积极寻找合作伙伴和投资者，以多元化的方式筹措资金，确保项目的顺利进行。

经济效益是旅游产品开发的最终目标。只有在确保企业获得可观利润的前提下，才能实现可持续发展。因此，在产品开发过程中，要注重成本控制、销售策略和品牌建设。通过有效地管理，降低成本、提高效率，同时通过合理的定价、优质的服务等手段提升游客的满意度和忠诚度。

市场化是旅游产品开发的灵魂，只有深入了解市场需求、精准定位、筹措足够资金并注重经济效益的企业才能开发出高品质、高附加值的旅游产品。这不仅满足了游客的需求，也为企业的可持续发展奠定了坚实基础。

2.特色化理念

随着旅游市场的持续火爆，越来越多的旅游企业涌现出来，竞争也愈加激烈。在这样的背景下，要想在众多旅游企业中脱颖而出，就需要对可用资源进行深入的整合与分析。

第一，旅游企业需要对自身的资源进行全面的盘点。这不仅包括有形的资源，如景区、住宿、交通等，也包括无形的资源，如品牌、口碑、企业文化等。通过深入了解自身的优势和不足，可以更好地制定发展策略。

第二，面对不断变化的旅游市场，旅游企业需要具备敏锐的市场洞察力。市场环境的变化往往反映了游客需求的变化，因此，时刻关注市场动态，了解游客的需求和喜好，是调整产品策略的关键。例如，近年来随着人们生活水平的提高，对旅游体验的要求也越来越高，这就需要旅游企业提供更加个性化和深度化的服务。

第三，特色化和品牌化是旅游产品的重要发展方向。在产品开发过程中，要注重挖掘当地的独特文化、风土人情等元素，并将其融入产品中，形成独特的卖点。此外，品牌建设也是提升产品竞争力的关键。通过建立和维护品牌的形象和声誉，可以增强游客的信任度和忠诚度。

第四，研发工作是旅游产品创新的重要保障。通过设立研发部门或与高校、研究机构合作，开展针对性地研发工作，可以不断推出符合市场需求的创新产品。同时，通过技术手段提升旅游产品的智能化和便捷性，也是提升竞争力的有效途径。

要想在竞争激烈的旅游市场中脱颖而出，旅游企业需要对资源进行合理的整合、分析，并时刻关注市场变化，调整产品策略。同时，以特色化和品牌化为目标开展研发工作，不断提升产品的竞争力和市场影响力。通过这些努力，旅游企业可以更好地满足游客的需求，实现可持续发展。

3. 生态化理念

随着国民文化素质修养的不断提高，人们对生态环境的保护意识也在不断提升，这导致了人们更加注重生态健康的生活方式。在这样的背景下，生态型旅游产品逐渐受到了游客的青睐。

生态型旅游产品是一种注重环境保护和可持续发展的旅游产品，它以原有的生态基底为基础，通过提升改造，为游客提供更加贴近自然、体验原生态的旅游服务。与传统的旅游产品相比，生态型旅游产品更加注重环境保护和资源节约，因此在投入资金方面相对较低。

生态型旅游产品的兴起，一方面反映了人们对环境保护意识的提高，另一方面也是旅游市场发展的必然趋势。随着人们生活水平的提高，对旅游的需求也在不断升级，游客不再满足于传统的观光旅游，而是更加追求生态、健康、个性化的旅游体验。因此，生态型旅游产品的开发与推广，满足了游客的这种需求。

在开发生态型旅游产品时，需要注重以下几个方面：

(1)深入挖掘当地生态资源，了解生态环境的现状和特点，为产品开发提供基础资料。

(2)制定科学合理的开发方案，确保在保护生态环境的前提下进行开发，实现可持续发展。

(3)加强与当地社区的合作，让当地居民参与生态型旅游产品的开发与管理，增强他们的环保意识和参与度。

(4)强化宣传推广，将生态型旅游产品的特色和优势传递给更多的潜在游客，提高知名度和影响力。

生态型旅游产品的兴起和发展是环境保护意识提高和旅游市场升级的必然结果。通过科学合理地开发与管理，可以推动生态型旅游的可持续发展，为游客提供更加优质的旅游体验。

4. 全面化理念

在开发旅游产品时，确实需要从时间、空间和种类等多个维度进行综合考虑。

第一，从时间的角度来看，不同的季节、节假日和旅游淡旺季都会对游客的需求和旅游市场的状况产生影响。例如，夏季是传统的旅游旺季，游客数量较多，对水上活动和避暑旅游的需求较大；而冬季则相对较为冷清，但对冰雪旅游和温泉旅游的需求则会增加。因此，在开发旅游产品时，需要根据不同的时间节点，制定相应的策略和提供相应的服务，以满足游客的需求。

第二，从空间的角度考虑，不同区域的环境、人文和游客需求存在差异，需要进行不同的旅游产品组合开发。例如，城市游客和乡村游客的需求就有很大的不同，城市游客更倾向于文化体验和购物旅游，而乡村游客则更注重自然风光和农家乐体验。因此，在开发旅游产品时，需要根据目标市场的地理位置和特点，提供有针对性的产品和服务。

第三，从种类的角度考虑，不同的资源类型、旅游产品种类和市场目标也会影响旅游产品的开发与组合。例如，海滨旅游、山地旅游、草原旅游等不同类型的旅游产品需要针对不同的市场需求进行开发，同时还需要考虑如何将不同的产品进行合理的组合，以提供更加丰富和多样的旅游体验。

随着旅游行业的不断发展，传统旅游产品确实正在被新型旅游产品所取代。人们对于旅游的需求也在不断升级，更加注重个性化和深度化的体验。因此，在规划旅游产品时，需要从系统的全局出发，统筹考虑各种因素，制定出科学合理的开发策略。只有这样，才能满足游客不断升级的需求，实现旅游业的持续发展。

### (二)文旅产品的开发策略与流程

#### 1. 投资决策

投资决策过程中，最重要的是对景区资源及开发价值进行整体评价。投资商在与景区所有者即政府签订合同前，可以聘请旅游专家，通过初步的资源、市场、交通、环境、政策评估之后，提交《旅游项目投资可行性研究报告》或《旅游项目投资价值评价报告》，以作为决策依据。

#### 2. 确定文化主题

根据旅游资源的文化内涵，以旅游地文化为导向，确定旅游地的文化主格调和文化开发方向。无论是自然景物还是人文资源，都有可提炼和确定的文化主题。

#### 3. 文旅产品开发设计

(1)深入挖掘文化内涵：包括科学文化、历史文化、文化艺术内涵等。

(2)塑造良好的从业者形象，培养其文化素养，增加从业者的内在文化素养。

(3)营造文化空间,烘托中介的文化氛围,培育旅游企业的文化。

(4)强调旅游地服务文化开发。

(5)积极开发引导旅游者进行文化消费的活动。

(6)注重文旅产品对旅游主体的文化引导性,提高其文化修养和道德修养、文化鉴赏力。

(7)创建文旅创意产品的品牌:设计者要积极研究当地的旅游资源,了解地区发展的历史和文化,重视创建文旅所在地自身的旅游文创品牌,更好地体现当地的人文特色和本土化。同时,完善产业链和选择合理的营销策略也十分重要。

### 4.跨部门整合协作

文旅创意产品的产业创新、文化变现、提升产品附加价值并非设计单方面的任务,必须由景区一把手主抓,上下一条心,景区跨部门整合协作的结果。只有充分调动景区的财力、渠道、销售、营销、地段等资源,才能为游客提供立体化的游览体验、情感体验,从而实现文化创意产品的变现转化。

### 5.完善产业链和营销策略

设计单位和人员要重视对供货渠道的选择,确保文化创意产品的质量能符合要求,并做好产品售后服务工作,解决产品品质和服务品质问题,确保设计产品有良好的口碑。同时,要制定科学的营销体系,在文创产品自身价值的基础上,提升其附加价值。

## (三)旅游文创产品设计方法

在新的时代背景下,随着国家对文化自信的大力倡导,旅游文创产品扮演了向广大游客传播中国传统文化、审美价值和地方特色的重要角色。如今,消费者对于旅游文创产品的诉求已经从单一的实用功能转向对其所蕴含的文化内核的深度探索与感知,这些产品成为连接现代生活与历史记忆、地域文化的桥梁。

1. 设计的故事化

文创产品设计除了造型和色彩等美学要素外，更重要的是它所承载的故事和情感。通过创意衍生，文创产品能够表达更多的情感诉求，以此打动人心。荆庄的“爱”故事，寄托了人们对美好生活的追求，赋予了器物强大的寓意内涵，给人一种情感上的交融。例如，“断桥残雪”香插作品，它以许仙和白娘子的动人爱情故事为背景，借助断桥这一象征，寄托了人们对友谊和爱情的向往。这种情感化的设计方式，能够让消费者在购买和使用文创产品的同时，感受到其中蕴含的美好情感和寓意。

2. 设计的本土化

在设计文创产品时，应充分表现出区域文化的特征，这包括建筑结构、雕刻装饰、风土人情、民风民俗等方面。文化创意产品应立足于本土文化，并大胆创新，结合当地的人文和自然景观，提取当地所特有的文化符号和设计语言。以“印象三坊七巷　智旋宫灯”为例，该作品取材于三坊七巷的标志建筑马头墙，设计精美，透着浓郁的古色古香和精致清幽之美。通过将马头墙的元素巧妙地融入宫灯设计中，不仅展现了三坊七巷的文化特色，同时也为人们提供了一种具有实用价值的照明灯具。这种设计方式既符合现代人的审美需求，又能传承和弘扬传统文化。

3. 设计的时尚化

在当今社会，绿色设计已经成为一种趋势，它强调的是环保、自然、简约的设计理念。这种设计风格不仅是为了满足消费者的需求，更是为了保护环境和可持续发展。因此，在文创产品的设计中，也应该注重绿色设计的理念，采用怀旧、简约的风格，化繁为简，体现个性、环保、自然的设计风格。这种设计风格在器物上的体现，可以采用新型材料和不同材质的全新搭配，避免华而不实的装饰，突出产品的实用功能。例如，采用可再生和可回收的材料，或者采用节能和环保的设计，使产品既具有实用性，又具有环保性。同时，这种设计风格也可以带给人们一股清流，缓解压力、放松自我。

4.设计的科技化

科技创新在文创产品设计中主要体现在新材料、新工艺、新技术的应用上。这些创新使得产品更加具有科技感和现代感,但过分强调科技开发出的产品可能会显得冷漠和过度理性。因此,在文创产品的设计中,需要综合传统文化、人文景观、自然景观等种种因素,让科技与审美、文化建立起一种崭新的平衡。这种平衡在设计中的体现,可以通过将传统工艺与现代科技相结合的方式来实现。例如,"竹编二维码"这一设计,利用传统的竹编技艺编织时下流行的各类二维码。这种设计既可以作为公众号进行识别,又可作为装饰图案,兼具实用性和审美性。这种设计方式将传统工艺与现代科技相结合,既传承了传统文化,又具有现代感和科技感,是一种很好的平衡。

5.设计的实用化

文创产品的设计不仅是为了满足人们的实用性需求,更是为了满足人们的精神需求。这些产品在使用过程中,应该能够唤起人们的亲切感和美感,让人们在日常生活中体验美和品味美。对于"竹编手提包"这一设计,它诠释了传统手工艺与现代生活的契合点,满足了现代人的购买需求。这种设计将传统的竹编技艺与现代时尚元素相结合,既具有实用性,又具有艺术性。它的出现,不仅丰富了现代人的生活方式,也传承了传统文化,满足了人们的精神需求。

# 第三章　文旅产业融合的基本支撑

实体经济、现代科技、金融和人力资源协同发展是现代文旅产业体系最为突出的特征，构建现代文旅产业体系要突出强化文旅产业实体经济的支撑、科技应用与赋能、现代金融支持和文旅人才培育与建设，构建促进以科技创新、现代金融、人力资源等现代生产要素为关键的支撑体系。

## 第一节　强化实体经济支撑文旅产业

### 一、文化产业园区和示范基地建设

随着国内文化消费的不断升级和旅游市场的日益繁荣，文旅产业的融合发展已成为大势所趋。为了更好地促进两大产业的深度融合，必须积极引导金融资本有力介入，多层次、多维度地推动文旅业的增量扩张和高质量发展。

围绕国家区域重大战略、区域协调发展战略、新型城镇化战略和乡村振兴战略部署，结合区域文化产业带建设，在文化产业发展基础好、配套设施完善的区域，规划布局建设一批主业突出、质量效益显著、可持续发展能力强的国家级文化产业园区。坚持差异化、特色化发展，支持大型城市和城市群的文化产业园区依托技术、人才、资金密集优势，加快发展新型文化业态；引导中小城市和农村地区文化产业园区挖掘优势文化资源，改造提升传统文化业态，打造特色文化产业集群。各地要立足当地资源禀赋和区域功能定位，依托基础条件较好、具有可持续发展潜力的园区开展国家级文化产业示范园区创建工作。

以国家级文化产业园区为引领，促进各级文化产业园区提升建设发展水平，形成“储备一批、培育一批、提升一批”的梯次发展格局。引导和支持国家级文化产业示范园区不断增强创新活力，持续提高发展质量效益，切实发挥示范带动作用。完善建立辅导机制，指导创建园区对标国家级文化产业园区标准不断提升建设发展水平。各地要进一步规范发展省级文化产业（示范）园区，加强重点园区的储备培育，择优推荐创建国家级文化产业示范园区。

指导国家级文化产业园区和创建园区建立协作体，加强园区之间信息、企业、项目、技术、市场、运营管理等方面的常态化交流与合作。组织实施文化产业园区携行计划，引导和支持国家级文化产业园区、创建园区与其他园区开展结对合作，以园区为联结，协同推进区域间文化产业协调发展。支持东部地区国家级文化产业园区和创建园区以市场为导向，引导相关业态向中西部地区和东北地区的园区转移，支持探索“飞地经济”“伙伴园区”等合作模式，形成优势互补、联动发展格局。鼓励国家级文化产业园区和创建园区为文化企业开展国际交流与合作搭建平台。

我国地域辽阔，各地区都拥有独特且丰富的历史文化、非物质文化遗产和民族文化资源。这些宝贵的文化资源为文旅产业的融合提供了坚实的基础。应立足于各地的资源优势，深入挖掘文化内涵，以传统工艺和文化元素为重点发展方向，结合当地的自然风光和民俗特色，打造独具特色的文旅产品。同时，要充分利用各地的养生养老资源、民族医药文化和茶文化等，将这些特色资源与旅游产业紧密结合，形成一批具有地方特色的康养旅游、文旅精品线路和产品。这不仅可以为游客提供更加丰富多彩的旅游体验，还能有效带动当地经济的全面发展。

落实文化产业数字化战略，综合运用各类资源与服务，引导国家级文化产业园区和创建园区立足自身优势，加快发展新型文化业态、改造提升传统文化业态，增强优质文化产品供给能力。培育壮大数字文化产业集群，加快发展线上演播、数字创意、数字艺术、数字娱乐、沉浸式体验等新业态。大力发展先进文化制造业，加强文化产业共性、关键技术研发应用，促进文化装备升级改造和创新发展。推动传统文化业态与数字技术结合,提升演艺、娱乐、工艺美术、文化会展等行业的科技创新应用水平,加快向产业链、创新链、价值链中高端迈进。

在推进文旅产业融合的过程中,必须积极发挥各级国有平台公司的引领作用,利用其资本优势和市场资源,搭建起产业融合的桥梁和纽带。同时,还要大力吸引社会资本进入,通过公私合营、股权合作等方式,降低投资风险,提高项目的盈利能力和市场竞争力。

在未来3至5年内,在全国范围内建设一批文旅产业深度融合发展的示范园区和基地。这些园区和基地将涵盖传统文化、现代创意、民族风情、康养旅游等多个领域,成为展示我国文旅产业融合发展成果的重要窗口和推动地方经济转型升级的重要引擎。通过园区和基地的建设,进一步提升文旅产业的国际竞争力和影响力,为构建以国内大循环为主体、国内国际双循环相互促进的新发展格局贡献力量。

## 二、支持和重点建设一批上市龙头企业

### (一)龙头企业对文旅产业发展的重要作用

龙头企业可以带动旅游行业快速、健康发展我国在发展文旅产业过程中,面对迅速发展的出游需求、客货运输需求、娱乐需求、购物需求等,只有形成有强大实力的、现代化的龙头企业,才会有能力登上更大的舞台,参与国际竞争。龙头企业在管理、技术、资金、人才等方面均具有突出的优势,代表旅游行业先进生产力的发展水平。培育龙头企业有利于提高旅游业生产力水平和管理水平带动整个行业的快速、健康发展。培育龙头企业的过程,也正是促进旅游行业管理水平、服务水平全面提高的过程。

龙头企业已经成为各行各业发展的重要支撑力量和引领者,在产业发展中起着不可替代的积极作用。文旅产业中的龙头企业在产业链条中处于组织者地位,通常具备较大的规模与资金实力,凭借其突出于行业其他企业的创新能力,使其在市场中拔得头筹。龙头企业是企业与市场之间的纽带,及时收集市场中的供需关系与变化趋势信息,将这种信息转化

为指导本企业发展的依据，使得企业生产的产品有的放矢，更加适应于市场的需求。

对于文旅产业来说，不可逾越的一个难题就是缺乏持续稳定的资金支持。缺少资金投入，文旅资源优势无法体现，游客需求也得不到满足龙头企业拥有较高的商业信用，可利用多种融资方式吸引更多的资金投入。培育具有强资金吸纳性的文旅龙头企业，支持其多方式、多渠道地对外进行融资活动，是当务之急。

产业竞争力是指某一产业通过对生产要素和资源的高效配置和转换，持续、稳定地生产出比竞争对手更多、更好的财富的能力。文旅产业的竞争力集中体现在企业产品的创新能力、企业对整个生产过程的控制能力以及企业对市场发展趋势的把握能力上。文旅产业的龙头企业能够很好地增强产业组织化程度，增强产业实力，提高产业抗风险能力，进而提升产业竞争力。

### （二）培育龙头企业促进文旅融合发展

在全球化和信息化的时代背景下，文旅产业的融合发展已经成为我国经济发展的新引擎。为了实现这一宏伟目标，必须采取一系列的策略和措施，积极引进和培育国内外的优质企业，推动产业的跨界融合和转型升级。

要积极引进国内外一批实力雄厚、善于经营、具有强烈社会责任感的知名文旅集团、品牌公司和品牌连锁酒店等。这些企业不仅拥有先进的经营理念、丰富的市场资源，还具备强大的品牌影响力。通过引进这些企业，可以迅速提升我国文旅产业的整体水平和国际竞争力。这些企业将以其独特的视角和创新的思维，参与我国各地区的文旅开发和产业融合，形成跨界融合的产业集团和产业联盟。这种跨界融合不仅可以打破行业壁垒，实现资源共享和优势互补，还可以推动文旅产业的创新发展和转型升级。

要通过这些企业的引领和带动作用，打造一批具有较强跨界整合能力、综合带动力、市场竞争力的“航空母舰”品牌企业。这些企业将作为我国文旅产业的领军者，带领整个行业实现高质量发展。他们将通过自身的成功经验和品牌影响力，为其他企业树立榜样，提供学习和借鉴的机会。同时，他们还将发挥桥梁和纽带的作用，加强国内外文旅企业之间的交流和合作，推动我国文旅产业走向世界。

在鼓励和支持国内文旅企业创新发展的同时，也要推动跨地区、跨行业、跨所有制的兼并和重组。这将有助于优化资源配置，提高市场效率，推动文旅产业的转型升级。在这个过程中，需要重点关注和支持那些具有创新精神和市场潜力的文旅企业。通过兼并和重组，这些企业可以迅速扩大规模，提升实力，实现跨越式发展。同时，还将积极引导和推动这些企业走向资本市场，利用资本市场的力量推动企业的快速发展。

为了培育更多的优质上市文旅企业，需要将建立后备库制度，定期推荐若干具有潜力的文旅企业进入后备库。这些企业将作为未来的上市候选企业，接受更加全面和深入的培育和指导，政府需要为他们提供政策扶持、资本对接、市场推广等一系列优质服务，助力其快速成长并走向资本市场。通过这样的机制安排，一定能够培育出更多具有市场竞争力和创新能力的文旅龙头企业。

## 三、培育壮大骨干文旅企业

文旅产业以其深厚的文化底蕴和强大的经济潜力，成为现代服务业中备受瞩目的明星产业。对于任何一个地区而言，无论其地理位置、历史背景还是资源条件，只要能够巧妙地挖掘和利用自身的自然与文化资源，都有可能打造出独具魅力的文旅产品，进而在激烈的市场竞争中脱颖而出。然而，这一切的成功，都离不开一个关键因素——骨干文旅企业的培育与壮大。

骨干文旅企业不仅是行业的标杆，更是推动整个行业向前发展的核心力量。它们不仅在市场上占据显著地位，拥有广泛的品牌影响力和市场竞争力，更在创新、品质和服务等方面为其他企业树立了榜样。这些企业通常具备前瞻性的战略眼光、科学的管理体系、卓越的服务品质以及强大的资源整合能力，能够敏锐地捕捉市场变化，引领行业潮流，为整个行业的发展指明方向。

在地区产业布局中，明确文旅产业的发展重点，是培育骨干企业的第一步。这需要地方政府和企业家们对本地资源进行深入细致的调查与研究，充分挖掘和利用本地的自然、历史、民俗等文化资源，打造具有地方特色的文旅产品。同时，还需要积极引进国内外知名的文旅企业，学习借鉴其成功的经营管理理念和市场运作模式，为本地企业的发展提供有益的参考和借鉴。

为了进一步提升本地文旅企业的竞争力和抗风险能力，鼓励现有企业进行资源整合、改革重组和线上线下融合显得尤为重要。这不仅可以有效打破行业内部的条块分割和恶性竞争，实现资源共享和优势互补，还可以帮助企业更好地应对市场变化，提高经营效率和服务质量。通过整合资源和优化结构，可以培育出一批实力雄厚、专业精湛的骨干企业，它们将成为行业的中流砥柱，为整个行业的发展提供坚实的支撑。

骨干企业的培育与壮大并非易事，需要政府、企业和社会各界的共同努力和持续投入。政府应该充分发挥引导作用，通过制定优惠政策、提供资金支持、加强人才培养等措施，为骨干企业的成长创造良好的外部环境。同时，还需要加强与国内外文旅机构的交流与合作，为本地企业搭建更广阔的发展平台，帮助其拓展市场、提升品牌。

而企业自身也需要不断加强内部管理，提升创新能力和市场竞争力。这包括加大研发投入、引进先进技术和管理经验、提高产品和服务质量等方面。只有不断提升自身的核心竞争力，才能在激烈的市场竞争中立于不败之地，为整个文旅产业的繁荣发展贡献自己的力量。

## 四、推动和孵化一批中小微型企业

在全国范围内，为了促进文旅产业的深度融合与发展，必须积极推动并孵化一批中小微型企业。这些企业作为产业的新生力量，具有独特的创新活力和市场潜力，能够为整个行业带来新的增长点和竞争优势。

为了有效支持这些中小微企业的成长，需要打造全国性的中小微文化、旅游企业孵化平台。这个平台应该具备完善的孵化机制和服务体系，包括项目筛选、资金扶持、导师指导、市场拓展等全方位的支持。通过平台的孵化，可以帮助这些企业在初创期度过各种难关，快速成长并脱颖而出。

在孵化过程中，要特别注重强化分类指导，突出企业的特色和质量。针对不同类型的企业和项目，要制定差异化的孵化策略，确保每个企业都能得到最适合自己的支持和帮助。同时，要鼓励企业做特做活，培育一批“小而精、小而特、小而优、小而新”的文旅企业。这些企业虽然规模不大，但能够在细分市场上精准定位，提供有特色的文旅产品和服务，从而形成自己的品牌和竞争优势。

通过这样的孵化策略，不仅可以增强全国范围内文旅企业的核心竞争力，还能为整个行业注入更多的创新活力和市场动力。这将有力推动文旅产业的深度融合，促进两个产业之间的资源共享、优势互补和协同发展。

此外，还要特别鼓励大中专院校毕业生创新创业，积极创办文旅小微企业。这些毕业生作为新一代的文旅从业者，具备丰富的知识储备和创新思维，他们的加入将为整个行业带来新的思路和发展方向。政府和社会各界应该给予他们更多的支持和帮助，包括提供创业资金、创业指导、市场渠道等，激发他们的创业热情和创新精神。

## 第二节　应用现代科技赋能文旅产业

### 一、不断强化电子信息平台的支撑作用

以“一部手机享服务”为思路，全面推进服务行业的数字化转型。通过融合创新思维、前沿科技和高效运营，致力于将线下的丰富服务资源线上化，并确保线上服务的便捷性能够转化为线下的实际体验，从而创造线

上线下全面融合的新生态。这一举措旨在有效解决服务提供者与消费者之间的连接问题，为双方建立高效的沟通桥梁。

深入探索并发挥数字化服务平台的杠杆效应，通过与各类服务提供者如餐饮、住宿、交通等深度合作，不断拓展"一部手机享服务"的应用场景，覆盖更广泛的服务领域。

在功能层面，不断优化和提升数字化服务平台的各项功能，如电子订单、在线预订、虚拟服务、信息发布、实时互动、智能推荐等。同时，致力于构建更加安全、便捷的在线支付体系，为公众提供无缝、即时、精准、互动的数字化服务体验。电子信息平台建设的目标是让每一位用户都能享受到"便捷获取、优质服务、无忧体验"的待遇。

此外，进一步将电子信息服务平台打造成为一个综合性的服务管理平台，该平台将整合服务评价、投诉处理、合规管理、用户反馈、服务优化、数据分析等多项功能。数字化服务平台的功能将全面覆盖用户获取服务的前、中、后所有环节，不断满足并提升用户在各个方面的多元化需求和高品质体验。最终，实现"用户体验无界，服务触达无时无刻"的目标，让服务的便利惠及每一位用户，为服务行业的数字化升级和繁荣发展贡献力量。

## 二、持续深化新兴科技的文旅运用

为了推动全国文旅产业的深度融合与发展，要鼓励文旅企业及相关部门积极采纳并运用云计算、大数据、物联网、移动互联网、人工智能、区块链、边缘计算等尖端技术。这些高新技术的引入和应用，将为文旅新业态产品的创新和发展提供强大的技术支撑和赋能效应。

基于5G、超高清、增强现实、虚拟现实、人工智能等前沿技术，致力于发展沉浸式体验型的文旅消费内容。通过探索VR、AR、AI等新技术在各类文旅场景中的广泛应用，为游客打造更加丰富、生动的文旅体验。

在文旅产业融合的过程中，要特别关注数据价值化、产业数字化和数字化治理等关键领域。针对我国文旅产业的现状和双循环战略需求，大力拓展智慧互联的文旅价值链，努力培育文旅流通的平台服务链，并积极推进科技研发链的迭代更新。通过这些举措，有效构建跨界融合的产业链，并研究制定在线文旅产业发展和管理服务的规范标准。

为了加快文旅产业生产要素的数据化进程，应精准研判文旅市场的消费特征、结构和习惯。通过大力培育文旅消费在线平台，推动文旅与相关产业的深度融合发展。同时，运用新科技手段培育文旅消费形态、拓展消费链条、畅通消费渠道，为游客提供更加便捷、多元的文旅消费选择。

为了强化数字化治理，要搭建数字文旅平台，以效率提升和功能完善为主旨。该平台将融合互联网、大数据、人工智能等新一代信息技术，整合运营商、消费、交通、文旅监管、投诉处理、网络舆情等多元产业数据。这将为各级文旅管理部门的日常管理、产业监测、应急指挥、营销推广以及文旅服务提供有力支持，实现文旅产业跨层级、跨区域的协同管理和服务。

## 三、构建数字文化和文旅资产流通、交易体系

文旅产业的融合已成为推动经济发展的新动力。为了更加系统地促进这一趋势，要全面构建并拓展全国性的数字文旅资产流通、交易体系。

应从源头上加强数字资源的整合与开发。针对全国各地的优秀文化资源，进行系统的数字化转化、高质量存储和深度开发。这不仅包括物质文化遗产，还涵盖非物质文化遗产、民俗风情等。通过先进的技术手段，将文化资源转化为数字形式，形成庞大的数字文化资产库。有了这些数字文化资产作为基础，进一步孵化出更多元化的数字文创产品。例如，利用虚拟现实（VR）技术重现历史场景，让游客身临其境地体验古代生活；通过增强现实（AR）技术为博物馆展品增添互动元素，提升观展趣味性；结合人工智能（AI）技术创作个性化的旅游纪念品等。这些创新业态和产品将极大地丰富游客的旅游体验，同时带动相关产业的发展。

为了确保这些数字文旅资产能够顺畅流通和交易，要致力于打造一个全国性的交易平台。这个平台将集纳数字资产的存储、展示、交易等功

能于一体，为供需双方提供便捷、安全的交易环境。此外，还要鼓励和支持数字文旅资产评估机构的发展，确保每一笔交易都能得到专业、公正的评估，保障市场的公平性和透明度。

在构建这一体系的过程中，要充分发挥政策引导作用。通过出台一系列优惠政策，吸引各类资本进入数字文旅领域，为产业的发展提供资金保障。同时，还要不断优化数字文旅企业的发展环境，简化审批流程、降低运营成本，为企业的发展创造良好条件。

此外，还要加强与互联网和科技领域龙头企业的合作。通过引入先进的技术和管理经验，加速数字文旅产业的数字化步伐。这些合作不仅将提升产业的科技含量，还将推动产业链的完善和升级。

## 第三节　做好文旅产业金融支持工程

### 一、推进文旅金融政策与服务优化工程

强调文旅金融政策与服务的支撑作用，制定完善深化文旅金融合作的政策举措，深入推进文旅与金融融合。深化政银合作，支持在滇大型银行、股份制银行等金融机构设立文旅支行或文旅事业部，成立服务文旅企业的专营机构、特色支行和文旅金融专业服务团队。综合运用信贷、债券等各类融资工具，积极拓展贷款抵（质）押物范围，鼓励金融机构打造适合文旅企业特点的金融产品，鼓励探索开展旅游景区经营权、门票收入权质押、知识产权融资等贷款业务，为文旅重大重点项目和文旅企业提供专业化金融服务。推进省级文旅与金融合作示范区、示范市建设，对项目投资建设业绩突出的公司和个人给予“文旅投资贡献奖”鼓励。改善文旅投资环境，推进符合文旅产业发展需求和文旅企业特点的金融产品与服务创新，形成良好投资预期和示范，激发全社会投资活力，吸引更多资本投入文旅产业。

加快形成市场主导的投资内生增长机制，实现对文旅产业的有力支

撑。立足文旅产业发展重点领域和关键环节，不断优化投资结构，发挥政府投资撬动作用，推广文旅领域政府和社会资本合作模式，创新产业专项债券种类，激发民间资本活力。建立文旅产业融资担保、保险、版权质押等投融资服务体系，积极推进文旅企业无形资产评估、确权、登记、托管、流转服务。健全投融资服务网络和中介服务体系。推广文旅金融服务中心模式，鼓励各市州设立文旅金融服务中心，优化对企业特别是中小微文旅企业的投融资服务，拓宽融资渠道，降低融资成本。建设文旅企业信用体系，健全融资风险补偿和融资担保机制。充分发挥各类创业投资风险机构和信用担保机构的中介协调作用，为中小型文旅企业投融资创造优良环境。着力完善文旅产业投融资辅导推介机制。鼓励开展常态化、品牌化的投融资对接交流活动，拓展多渠道、线上线下并举的投融资推介方式。

## 二、做好金融强势赋能文旅产业工程

发挥数字化旅游平台在串联地区文旅资源、数据、资本等方面的优势，积极探索集文旅产权交易、投融资服务、企业孵化、信息发布于一体的专业化综合性文旅金融服务平台。通过引入信托、保险、银行、租赁、担保和基金等多方参与机构，实现信息交流、企业评估、融资扶持等多重功能，探索“互联网＋金融＋文旅”的新型金融服务产品。同时，拓展文旅消费分期服务模式，加快提升文旅企业的资金周转率和资金使用效率，完善数字化旅游平台的金融服务门槛和信用评价体系。建立从旅游资源方、服务方、金融服务商到消费者的闭环服务体系，以智慧金融赋能文旅产业。

充分利用各级预算内投资、专项建设资金、地方政府专项债券、政府与社会资本合作（PPP）、政府引导基金等投资工具支持文旅产业发展。鼓励各地文旅部门积极利用地方专项债券支持重大项目建设，并与金融机构协调为专项债券支持项目提供配套金融支持。积极争取国家政策性基金，扶持具有前瞻性、公共性、示范性和创新性的文旅创新项目。推动地方政府设立公共文化发展专项资金，并引导社会力量设立相关基金，如公共文化发展基金、文旅科技创新基金等，以引导各类产业基金投资文旅产业。

鼓励有条件的金融机构在全国范围内征集、遴选重点文旅产业项目，建立完善的文旅投融资项目库，确保项目落地实施。通过这些措施，可以充分发挥数字化旅游平台在串联地区文旅资源、推动文旅产业发展中的作用，为文旅产业的繁荣和发展提供有力支持。

# 第四章　文旅产业融合模式

## 第一节　园区类融合发展模式

根据旅游地资源禀赋的不同，可以将旅游地的类型划分为自然旅游地和人文旅游地，其中人文旅游地的核心吸引物又可分为历史遗存与现代人造两类，园区类的旅游产品是现代旅游业在旅游资源的开发过程中所孕育产生的新的旅游吸引物，属于人造旅游地，是以某种现代文化资源为依托，以旅游为主导或兼具旅游功能，以文旅产业旅游作为园区的核心和支柱产业的文旅融合发展模式。专业的面向旅游的园区类旅游产品包括集群式发展的文化产业园区、文旅主题公园及影视拍摄基地，需要说明的是因主题公园和影视基地同为统一规划的以发展特定行业为主的区域，所以将其划归到此类别中。文化产业园区旅游的基本前提是园区内拥有文化产品研发、生产的相关活动，并将其作为吸引物呈现在游客面前，因此会配套相关旅游服务，兼具旅游功能；文旅主题公园是专门为旅游者的休闲、娱乐而设计和经营的场所，旅游是其主要功能，其中集中了丰富的娱乐内容、休闲要素和服务接待设施；影视基地主要是为影视拍摄及制作设计建造的，但在设计之初会考虑融入旅游功能，影视拍摄过程、影视作品场景、拍摄制作设备等均可构成旅游吸引物。

### 一、文化产业园区

文化产业园区作为以文化产业为核心的产业集聚区，在我国的发展已经初具规模，超过 1200 个的文化产业园区遍布全国各省市。这种分布的不均衡性，特别是广东、上海、江苏、北京等省市的密集程度，无疑揭示了文化产业园区与区域经济水平之间的紧密关系。这些园区不仅反映了各地区文化产业的发展水平，也是地区经济发展的重要推动力量。

在我国，文化产业园区的形成方式多种多样，有的园区专注于单一行业，如动漫、影视等，形成了专业化的产业链；有的园区则以一个主导行业为主，辅以其他相关行业，形成了多功能的产业集聚效应；还有的园区则是综合性的文化产业园，集多个行业于一体，不仅集中了文化产业链的各个环节，还提供了相关的旅游服务，如餐饮、娱乐等，使文化产业与旅游业得以有机融合，为游客提供了更为丰富的文化体验。

## 二、文旅主题公园

文旅主题公园，作为现代旅游业的一大创新，以其独特的文化主题、市场导向的创新思维和科技文化的融合表现，为游客提供了多元化、创意性的玩乐体验。这些公园不仅仅是人造景观，更是为了满足当代游客日益增长的娱乐和文化需求而精心打造的现代旅游胜地。

主题公园的核心吸引力在于其主题创意和文化要素的深度融合。无论是游乐园的惊险刺激、情景模拟的沉浸体验、景观浓缩的精致美感，还是风情体验的文化熏陶，每一种类型都力求为游客带来前所未有的感官盛宴。

文旅主题公园将逐渐成为人们放松休闲的主要消费对象，特别是在城市市场。因此，主题公园的发展必须更加注重游客的体验感受，强调参与者的互动，将文化、观光、游乐等各方面的体验融为一体。同时，完善产业链、升级消费模式也是主题公园发展的必然趋势。只有这样，我国主题公园产业才能走出当前的发展困境，实现持续、健康、快速地发展。

## 三、影视基地

影视基地作为影视产业链中的核心组成部分，承载着提供专业的影视拍摄场地、高端拍摄设备以及影视后期制作等关键服务。这些基地往往地理位置优越，自然风光迷人，成为众多影视作品的诞生地，同时也为游客提供了全新的旅游体验。

游客在影视基地的旅游体验主要围绕观看电影剧目的拍摄过程和游览影视剧中出现的场景展开。这种身临其境的体验让游客有机会近距离感受电影的魅力,甚至有机会参与电影的拍摄。此外,影视基地还利用自身的场景和设备优势,为游客提供更具互动性和参与性的旅游项目。例如,游客可以在专业指导下进行自主表演、自主拍摄等,体验一把成为电影主角的乐趣。

## 第二节　遗产类融合发展模式

遗产包括文化遗产和自然遗产两种,不同于园区类旅游产品,自然遗产是天然形成的,文化遗产是历史遗留的,二者均是旅游产品的重要组成类型,目前,各地的自然、文化遗产几乎都已开发成为热门的旅游景区,成为承载地方文化与形象的旅游产品。

### 一、文化遗产旅游区

国内的文化遗产旅游区呈现的主要是以文化遗产资源为核心,相关的旅游与文化要素集中整合,集约开发的形式。比如古城、古镇、古村落、历史文化街区以及依托大型文物保护单位或名人故居的特色村镇等。在旅游项目设计、服务内容等方面,不同类型的文化遗产旅游区也有所区别。古城、古镇以及城市的历史文化街区以开展商业活动为主,为满足旅游者的基本行程需求,大部分古城、古镇配备了种类齐全的基础商业业态,比如饭店、餐厅、旅游纪念品店等,此外,每个古城古镇有其各自的历史文化、民风民俗,并由此引申了富有浓郁地方特色的商市形态。城市的文化遗产开发通常表现为创造性地利用遗产空间,这种形式主要是保留历史建筑外观,利用原有格局开发成具有商业服务功能,集中休闲、娱乐、时尚的综合中心。与前两类不同,传统古村落则是以展现民俗生活、活态文化为主,商业部分体现较少。现今,遗产旅游区大都面临产品同质、商业过度、文化空心的问题。但另也有一些地方依托文化遗产形成了集文化体验旅游、艺术品工艺品生产销售、影视拍摄等于一体的文旅产业集聚区，多元化开发文化遗产资源，这也成为文化遗产旅游的发展方向，一方面突出核心资源的风貌、人文底蕴，另一方面从文化服务着手，使单一的传统旅游业向以文化服务业为主体的文旅产业发展。历史文化名镇甪直，除了江南古镇固有的水巷小桥、渔船人家外，还建成了兼有休闲娱乐、工艺品展示、文艺表演的甪直江南文化园以及集珠宝设计、加工、展览、销售和珠宝物流于一体的珠宝创意产业园，并且与其他水乡古镇一样成为众多影视剧作品的拍摄基地。

## 二、自然遗产旅游区

自然遗产旅游区，一个以风光、生态、环境和地质遗迹等自然遗产资源为核心的特色旅游地，它的存在本身就是旅游与文化产业交汇融合的典范。这类旅游区依托了风景名胜区、地质公园、森林公园、自然保护区、水利风景区等多元化的自然载体，它们共同构成了中国乃至世界上独一无二的自然遗产宝库。然而，尽管自然遗产旅游区拥有得天独厚的资源优势，但在与文化产业的融合上却面临着诸多挑战。这主要是因为自然遗产的原始性和不可再生性，使得在融合过程中需要更加审慎和精细地规划和操作。同时，由于国内游客对于自然遗产的认知大多停留在表面层次，缺乏深入地了解和体验，这也增加了融合的难度。

为自然遗产旅游区与文化产业的融合提供了更大的发展空间和潜力。一方面，可以通过深入挖掘自然遗产背后的历史文化、民俗风情、科学知识等元素，将其与景区的规划、建设、管理、营销等各个环节紧密结合起来，打造出独具特色的旅游产品。另一方面，也可以通过建设专项博物馆、科普教育基地等设施，为游客提供更加深入、全面的自然遗产体验。专项博物馆可以运用现代科技手段，如虚拟现实、增强现实等，为游客呈现自然遗产的形成过程、地质变迁、生态环境演变等壮观场景，让游客仿佛身临其境，感受到大自然的神奇和魅力。同时，博物馆还可以举办各种专题展览、讲座等活动，邀请专家学者、艺术家等各界人士共同探讨自然遗产的保护与传承问题，提升游客的文化素养和审美水平。科普教育基地则可以通过开展各种形式的科普活动和教育课程，如野外考察、生态体验、科学实验等，帮助游客了解自然环境和生态保护的重要性，培养游客的环保意识和科学精神。此外，科普教育基地还可以与当地学校、社区等合作，开展青少年科普教育项目，为青少年提供亲近自然、了解科学的机会，促进青少年的全面发展。通过这些举措，自然遗产旅游区可以逐渐发展成为集观光、度假、文化体验于一体的综合性旅游目的地。游客在这里不仅可以欣赏到壮丽的自然风光和珍贵的自然遗产，还可以深入了解当地的历史文化和科学知识，感受到大自然的神奇魅力和人类文明的博大精深。

目前国内的自然遗产旅游区在科普场馆建设和管理方面还存在一些问题。一些科普场馆的内容过于单一和枯燥，缺乏趣味性和互动性，无法吸引游客的注意力和兴趣。同时，一些科普场馆的设施也相对陈旧和落后，无法满足现代游客的需求和期望。为了解决这些问题，自然遗产旅游区需要加强对科普场馆等文化设施的建设和管理。要注重提高场馆的吸引力和互动性，采用多种形式展示内容，如实物展示、多媒体演示、互动体验等，让游客在轻松愉快的氛围中了解自然环境和生态保护的重要性。同时，也要注重场馆的实用性和趣味性，结合游客的需求和兴趣设计各种互动环节和教育课程，让游客在参与中感受到科学的魅力和乐趣。

自然遗产旅游区与文化产业的融合是一个长期而复杂的过程，需要政府、企业和社会各界的共同努力和支持。只有通过深入挖掘自然遗产的文化内涵和科学价值，加强科普场馆等文化设施的建设和管理，才能真正实现自然遗产旅游区与文化产业的深度融合，为游客提供更加优质和丰富的旅游体验。

## 第三节　商贸服务类融合发展模式

商贸服务类的文旅融合产品形态主要强调其消费属性，相对于园区类产品的文化产品生产功能。文化消费是指为满足人们精神需求对文化产品或服务的一种消费，区别于一般的物质消费，但也以物质消费为依托，与旅游相结合的文化消费实物化载体多为主营文化类产品的商贸街区。此外，还有另一种类型是在其他类型的消费中融入文化元素，而并非对文化产品的直接消费，比如文化主题餐厅、酒店。餐饮、住宿消费是旅游消费的重要组成部分，文化主题餐厅、酒店主要提供食宿服务，其文化性体现在装潢设计以及软性的服务等方面，旅游者在消费的同时能够感受到浓郁的文化气氛。

## 一、城市文化游憩街区

文化游憩街区是城市开展旅游活动和居民休闲娱乐的场所，主要有步行街、大型购物中心、城市综合体等多种形式，其间布置了高度集中的酒店、餐厅、礼品商店以及其他旅游吸引物，除了涉及专门的旅游接待企业外，还包括文旅活动接触密切的部分企业以及非营利性的公共文化机构，比如剧院、会展中心、文博院馆、体育场馆等，通常汇聚购物、饮食、影视、动漫游戏、美容健身、娱乐、收藏等要素，兼有休闲、游憩、娱乐以及商业功能。与一般的城市中心商务区相比，文化游憩街区是旅游者导向型吸引物和服务相对更加集中的地区，在一些城市也有二者重合的情况。现今颇具人气的城市文化游憩街区往往注重打造主题、营造文化氛围，通常的做法是将一些特定的文化元素融入街区的建筑、布局乃至其他相关产品中，使之能直接被旅游者所感知体验，在发展旅游和商业的同时，注重提升文化效益。此种类型文化游憩街区的开发一般可从物质化和非物质化的角度入手，物质化开发强调凸显街区视觉外观特征，比如建筑风格、绿化、街头小品的布置等；非物质化开发指街区内在精神和文化的挖掘，这也是开发的重点，不仅可以通过一定的物质载体来呈现，也可通过解说系统、主题活动等来呈现。新近流行的仿古街区是主题街区开发的典型案例，区别于历史遗留的遗产型街区，仿古街区使用现代工艺复制古时风貌，通过刻意营造历史氛围来表现主题，服务内容以商业为主。另对于遗产型文化街区来说，保护是形成游憩空间的基础，开发需顺应原本的布局及机理，重在保留原貌，改善游憩环境质量，提升游憩品位。目前，国内知名的城市文化游憩街区包括南京夫子庙一带、上海城隍庙一带、七宝老街、北京琉璃厂一带等。

南京夫子庙旅游商贸区是典型的城市游憩街区，文化底蕴深厚，人文荟萃，集中了夫子庙——十里秦淮风光带的绝大多数著名旅游景点。1985年，南京市按庙会格局修复夫子庙古建筑群，将周围的茶肆、酒楼、店铺等改建成明清建筑风格。如今夫子庙除了富有文化特色外，商业氛围也很浓厚，夫子庙建筑群两边的东、西二市汇集了丰富的工艺美术品、古玩、字画和其他文化用品商店，另有超市、影院、酒店、餐饮店等服务性配套设施，秦淮风味小吃、“金陵灯会”民俗活动颇具特色，夫子庙已成为集文化体验、旅游、商业服务等多功能合一的文化游憩街区。

## 二、文化主题住宿、餐饮服务

文化主题酒店、餐厅是以特定的主题融入酒店或餐厅的建筑外形、内部装饰和服务项目中，通过一定的文化元素来提升酒店餐厅的文化内涵，营造文化氛围，让顾客获得个性化的入住或用餐体验。

在国内，文化主题酒店作为一种酒店新形态，发展历史不长，分布范围也基本集中于旅游业、酒店业发达的地区。现阶段，国内主题酒店发展迅速，许多传统酒店相继向主题酒店转型，目前也已颇具规模，但与传统酒店相比，文化主题酒店仍为少数。随着人们需求的日益多样化和休闲娱乐意识的提高，文化主题酒店市场前景广阔。从主题选择上来看，国内文化主题酒店的主题选择覆盖面广，涵盖历史文化（天津庆王府公馆）、地域民族风情（深圳威尼斯皇冠假日酒店）、文学艺术（绍兴咸亨酒店）、影视文化（怀柔影人花园酒店）等。并且偏重于中国传统文化，与城市整体的形象定位相契合。今后，文化主题酒店、餐厅的核心竞争力还需通过软环境来提升，例如开展主题活动加强娱乐体验性、提供定制式的服务等。

# 第四节　会展节庆类融合发展模式

2012年国家统计局发布的《文化及相关产业分类(2012)》中将会展服务包括在内,会展和节庆产业具有显著的商务促进与文化宣传功能,通过举办会展节庆活动有助于产品市场的开拓,新技术的流通,并以此带动交通、住宿、餐饮等部门的发展,会展节庆是典型的兼具经济性和文化性的产业,尤其是一些重在公众宣传以及相关教育培训等方面的展览项目更是直接体现了会展节庆活动的文化传播展示作用,由此可见将其列入文化及相关产业的范畴是有依据的。会展节庆业与旅游融合表现为目的地借助举办会展节庆活动的契机发展旅游和关联行业,会展和节庆活动本身主要发挥吸引物和推广平台的作用。

## 一、会展旅游

会展业与旅游业之间有着密切联系。旅游业所涉及的要素都与会展的举办形影相随,一方面,会展本身吸引旅游者前往会展举办地商谈业务、购物访问,顺便旅游观光;另一方面,参展商、与会者在会展期间前后的游览、购物、休闲娱乐等活动使得当地的酒店、景区、旅行社等旅游企业直接受益。尤其是举办大型会议、展览活动时,通常会吸引各国媒体关注,引起社会各方重视,主办方借此时机宣传目的地经济文化发展水平、展示城市形象,并借由参展商、旅游者的口碑来提高目的地的知名度与美誉度。

20世纪80年代初期以来,我国会展旅游进入快速发展的轨道,各省市均提出要大力发展会展业,尤其在基础设施比较完善、人均收入较高、服务业发达的城市或地区,会展经济发展明显,并发挥出积极的带动作用。北京、上海、广州等沿海和经济发达的地区以及大连、青岛、昆明等重点旅游城市,先后发展成为区域性会展中心。另外,国内会展场馆数量持续增长,会展产业链发展逐渐完善,比如,在2012年,成都成立了国内首个跨区域联合、全产业链覆盖的会展业服务及促进机构，促进会展产业链“抱团”发展。首批会员单位涵盖了会展业管理部门、专业服务机构、场馆酒店、旅游服务、会展教育及研究机构等108家单位。区域性联合推动行业资源有效流通和优化整合，促进会展业与其他产业的进一步融合。未来，随着市场竞争的加剧，会展行业的集中化程度和规范化程度将提高，这种发展趋势将推动场馆所有者和会展举办方开发新的商业运营模式，探索效率更高的合作方式和管理方面的经验；推动运营商们优化服务流程，规范服务内容，提升服务质量，从而吸引更多参展商以及观众（旅游者）。

## 二、节庆旅游

节庆旅游指的是以具有鲜明主题的公众性庆典活动来吸引游客到访的一种专项旅游产品，这里所指的节庆可以是在长期历史中伴随着生产活动产生的传统节庆，也可以是以节庆的形式对地方特色专门进行策划包装的活动，内容丰富，按照主题可分为自然景观类、历史文化类、民俗风情类、物产类、体育运动类、娱乐游憩类、综合类。与其他旅游产品相比，节庆旅游具有主题鲜明、短时间内迅速聚集人气、体验性和参与性强的特点，开发节庆旅游产品对于塑造旅游地形象、健全目的地旅游产品体系、促进旅游基础设施建设、优化旅游环境、带动相关产业发展方面有积极意义。

20世纪90年代，节庆旅游在我国开始受到广泛关注，节庆数量持续增长，也涌现出一批优秀节庆品牌，成为地方文化标签，例如创始于1991年的青岛国际啤酒节，发展至今已成为集旅游、文化、体育、经贸于一体的国家级节庆活动，以啤酒作为媒介，展现了青岛的优质企业和城市个性。节庆产业的逐步形成和发展，与各地的自然资源、历史文化、经济水平、旅游发展状况和市场环境紧密相关，城市的综合实力、对旅游的重视程度会直接影响节事活动的规模、节期和举办质量，因此各地发展水平参差不齐，也存在精品项目少、主题定位重复，缺乏创新等问题，此外，政府占据节庆活动主导地位，企业被动参与，节庆活动的行业管理不规范也都导致节庆活动质量不高、专业性不足。未来，节庆产业的市场化程度将进一步加深，在运作上由政府一手操办转向为政府主导、市场协同的模式，除政府推动举办外，在策划、组织、运行和资金来源等方面都交由市场主体运作。

# 第五章　文旅产业融合机理

## 第一节　文旅产业的耦合机理与价值创造机理

机理是指为实现某一特定功能，一定的系统结构中各要素的内在工作方式以及诸要素在一定环境条件下相互联系、相互作用的运行规则和原理。它广泛应用于物理、化学、数学建模、企业管理等领域，并发挥了其特定的作用。

文旅产业融合发展，由于二者的相互渗透、相互作用形成了融合发展的新产品、新业态和新模式，因此在融合过程中形成了利于融合发展的固有原则和机理。这些原则和机理构成了文旅产业能够融合发展的理论基础与作用原理。本书认为耦合机理和价值创造机理是文旅产业融合机理的两大基石。

### 一、耦合机理

耦合是物理学的一个基本概念。耦合是指两个或两个以上的系统或运行方式之间，存在紧密配合和相互影响以至联合起来的现象。耦合机理就是在各子系统间的良性互动下，两个或两个以上的实体相互依赖、相互促进的动态关联关系。此处将文旅产业融合发展耦合机理理解为文旅产业系统通过耦合元素产生相互作用、彼此影响并融为一体的现象。耦合机理在现实文旅产业的融合发展中主要表现为以下几方面。

#### （一）文旅产业与产业经济增长的耦合

在全球化与经济快速发展的背景下，文旅产业与产业经济增长之间的耦合关系日益显著。这种耦合不仅体现了二者之间的互补与协同，更揭示了它们共同推动经济增长与社会发展的深层机制。

首先,旅游产业的文化属性是其持续发展的核心动力。随着人们生活水平的提高和消费观念的转变,旅游已不再是简单的观光游览,而是成为人们追求精神满足和文化体验的重要途径。因此,深入挖掘旅游产品的文化内涵,打造具有独特文化魅力的旅游品牌,成为吸引游客、提升旅游产业竞争力的关键。同时,这也促进了文旅产业的深度融合,为产业的发展提供了更广阔的市场和空间。

其次,文化产业的创新性和包容性为旅游产业的转型升级提供了有力支撑。文化产业以其独特的创意和创新能力,不断推出新的文化产品和服务,为旅游产业注入了新的活力。同时,文化产业具有强大的包容性,能够吸纳各种文化元素和资源,为旅游产业的多元化发展提供了可能。这种耦合关系不仅推动了文化产业自身的快速发展,也为旅游产业的转型升级提供了有力支持。

再次,文旅产业的发展还带动了相关产业的协同发展。例如,旅游产业的发展需要完善的交通、餐饮、住宿等配套服务,这就为这些产业的发展提供了市场机会。同时,文旅产业的发展也促进了文化创意、文化娱乐等产业的发展,形成了良性的产业生态链。这种协同发展不仅提升了文旅产业的整体效益,也为相关产业带来了更多的发展机遇。

最后,文旅产业与产业经济增长的耦合还体现在对就业和税收的拉动作用上。文旅产业的发展创造了大量的就业机会,为缓解社会就业压力做出了积极贡献。同时,文旅产业的发展也增加了政府的税收收入,为经济的持续稳定增长提供了有力保障。

文旅之间的互补与协同不仅推动了各自产业的发展,也为经济的整体增长和社会的全面进步注入了新的活力。在未来的发展中,应进一步加强文旅产业与产业经济增长之间的耦合关系,发挥各自的优势和潜力,共同推动经济的繁荣和社会的发展。

### (二)文旅产业与创意产业的耦合

创意产业以其独特的超强渗透力,正逐渐改变着传统的产业形态和价值系统。这种渗透并非简单地相加或混合,而是以创意为核心,通过多种形式与不同的产业进行深度融合,打破原有的产业边界,实现产业之间的互融互通。

在文旅产业的融合发展中,创意产业发挥着至关重要的作用。它以其特有的渗透功能和耦合机理,将原本相互独立的文旅产业紧密地联系在一起。通过创意的引导和推动,文旅产业的产业形态发生了深刻的变化,变得更加多元化、综合化的产业形态。

这种融合不仅改变了文旅产业的产业形态,更重要的是实现了文旅与科技的有效嫁接和紧密融合。借助创意思维和创意活动,文旅产业成为创意产品的重要载体。这种转变不仅改善了传统的产业产品品质、盈利模式,更为产业的发展注入了新的活力和动力。

在创意产业的推动下,文旅产业开始以创意产品为引导,引领时尚消费和市场需求。通过不断创新和创意的注入,新的消费市场和新的融合价值得以开辟和拓展。这种融合不仅满足了消费者日益多样化的需求,更为产业的发展开辟了新的空间和机遇。

通过耦合机理的发挥,创意产业实现了多种产业价值乘数效应的综合发挥。这种乘数效应不仅体现在产业规模的扩大和产值的增加上,更重要的是体现在产业结构的优化和升级上。通过创意产业的引领和推动,传统产业得以焕发新的生机和活力,实现了从量变到质变的飞跃。

### (三)地方特色的文旅产业与区域优势的耦合

在探讨文旅产业与产业经济增长的耦合关系时,不难发现这种耦合主要表现为两种鲜明的形式。它们不仅彰显了文旅产业的独特魅力,还凸显了其与区域优势的深度融合所产生的巨大价值。

首先,第一种形式是以地域人文特色和传统文化资源为核心的文旅产品。这种形式的耦合强调对地域特色优势(如自然风光、历史遗迹、民俗风情等)的深入挖掘和创意性运用。通过将创意性活动作用于文旅产业,能够将这些静态的资源转化为动态、有吸引力的文旅产品。例如,对历史文化遗址进行创意性开发,打造具有故事性和体验性的旅游项目,既能让游客亲身感受到历史的厚重，又能增强旅游的文化内涵和吸引力。这种形式的耦合不仅有助于提升文旅产业的品质，还能有效推动区域文化的传承和发展。

其次，第二种形式是以旅游者为主体、区域文化为背景的创意文旅活动。这种形式的耦合更加注重旅游者的参与和体验，强调在旅游活动中融入创意元素，打造独具特色的旅游体验。例如，结合当地的节庆活动、民俗习惯等，设计具有创意和文化内涵的旅游线路和活动，让旅游者在游玩的过程中深入了解当地的文化和风土人情。这种形式的耦合不仅能够满足旅游者日益多样化的需求，还能有效促进区域文化的传播和交流。

这两种形式的耦合共同体现了区域优势与具有地方特色的文旅产业耦合所形成的巨大价值。一方面，通过充分整合和盘活区域内的各项优势资源，能够将这些资源转化为具有市场竞争力的文旅产品，从而推动文旅产业的快速发展。另一方面，弘扬当地的历史文化特点，形成文旅产业融合发展的突出特色，能够提升区域的文化软实力和形象，吸引更多的游客前来游玩。

此外，这种耦合还能带来一系列积极的社会和经济效应。例如，文旅产业的发展能够创造大量的就业机会，吸引人才和资金的涌入，从而进一步促进区域的经济社会发展。同时，随着文旅产业的不断壮大，区域内的文化交流和旅游发展也将得到进一步扩大，有助于提升区域的知名度和影响力。因此，应该充分重视和发挥文旅产业与区域优势的耦合作用，推动文旅产业的持续健康发展，为区域的经济社会发展注入新的活力和动力。

## 二、价值创造机理

创造价值是所有企业活动的终极指向，是企业生存与发展的核心所在。在激烈的市场竞争中，如何有效地创造价值，满足顾客的需求，成为每个企业必须面对和思考的问题。普里姆的观点提供了有益的启示：价值创造的关键在于企业能否充分利用其拥有的资源，最大限度地满足顾客的需求。这不仅是对企业资源利用效率的挑战,更是对企业资源竞争优势的检验。

在文旅产业中,价值的创造同样遵循这一逻辑。文旅产业是一个融合了文旅元素的特殊产业,它通过提供具有文化特色的旅游产品和服务,满足人们对精神文化生活的追求。在这个过程中,资源的有效利用和创意的不断涌现,成为文旅产业价值创造的关键。

产业价值链是一个包含了从原材料采购到最终产品销售所有环节的完整系统,它揭示了产业内部各环节之间的内在联系和价值传递过程。在文旅产业中,产业价值链的构建和优化,对于提升产业的整体竞争力和创造更大的价值具有重要意义。

在文旅产业融合的背景下,价值创造机理作用于文旅产业融合的过程,便形成了文旅产业链。这是一个以特定的创意为核心,由一系列相互关联、相互依存的服务行业共同构成的循环产业系统。在这个系统中,创意是驱动产业链运转的原动力,它通过衍生出丰富多彩的文旅产品,不断满足游客的需求,实现价值的创造和增值。

文旅产业价值链是一个循环的产业系统,这个系统以特定的创意为核心,通过创意的衍生和发展,形成了一系列具有文化特色的旅游产品和服务。这些产品和服务在满足游客需求的同时,也实现了价值的传递和增值。在这个过程中,创意和产品是实现价值创造的重要载体,它们将抽象的创意转化为具体的产品和服务,使得游客能够亲身感受到文旅的魅力。

文旅产业的价值链不仅是一个经济系统,更是一个文化系统。它通过对文化底蕴的深度挖掘和再造,将传统文化与现代旅游相结合,为游客提供了更加丰富多彩的旅游体验。同时,借助高新技术的运用,文旅产业能够将创新思维转化为具有高附加值的产品和服务,进一步提升产业的竞争力。

在文旅产业融合发展的过程中,协同与整合是关键。协同是指不同行业、不同企业之间的合作与协调,通过资源的共享和优势的互补,实现整体效益的最大化。整合则是对文旅资源各种载体的开发与相关衍生商品的生产销售进行统一规划和管理，形成产业间的良性互动和有机衔接。这种协同与整合不仅有助于提升文旅产业的整体效率，更有助于推动产业的创新与发展。

在文旅产业融合的过程中，产业互动是一个重要的现象。通过对娱乐、餐饮、住宿、购物等增值项目的开发规划，可以形成产业间的相互关联和相互促进，进一步提升文旅产业的综合效益。同时，借助文旅产业的融合和产业链的扩展与延伸，可以实现盈利模式的创新，为产业的发展注入新的活力。同时，改变文旅产业结构和经济增长方式则是两大产业融合发展的高级形态。这需要以创新驱动为引领，推动文旅产业的转型升级和高质量发展。

## 第二节　相互作用与效应分析

由于文旅产业融合是在市场需求、技术进步等因素的推动下，文旅产业相互交叉、相互渗透，逐步形成新的产品形式或新的产业形态的动态发展过程。因此与之相适应，文旅产业融合的直接表现和重要作用即为两大产业的融合发展和相互促进。

### 一、文化产业对旅游产业的促进

文旅产业的融合是一种深度的、有机的、互补的结合。这种结合，就像是一把钥匙，打开了二者共同发展的新天地，为旅游产业注入了前所未有的活力和机会。

#### (一)文化产业为旅游资源注入了更为深厚的品位

文化产业凭借其博大精深和多彩多姿，赋予了旅游资源更加深厚的文化品位。一些常见传统旅游资源，虽然具有一定的历史文化内涵，但有时候却可能因为缺乏深度和内涵，而无法在游客心中留下长久而深刻的印记。

然而，当文化产业与这些资源相结合时，就仿佛为它们披上了一件流光溢彩的文化外衣。这件外衣上绣满了历史故事、民俗风情和艺术传统的图案，让原本沉寂的资源焕发出新的生机和活力。这样的融合不仅极大地提升了旅游资源的吸引力和市场价值，更重要的是，它为游客打开了一扇通往当地文化深处的窗户。

通过这扇窗户，游客可以更加深入地了解和体验当地的文化魅力。他们能够沉浸在当地的文化氛围中，感受那些历史故事、民俗风情和艺术传统所蕴含的智慧和情感。这样的旅游体验无疑更加丰富、更加深刻，也更容易在游客心中留下难以磨灭的记忆。

### (二)文化产业极大地扩展了旅游资源和旅游产品

文化产业凭借其独树一帜的创意和精湛的开发技艺，已经极大地丰富了旅游资源的多样性，并催生了众多新颖别致的旅游产品。随着文化产业的蓬勃发展，也让这些被遗忘的瑰宝重新焕发出耀眼的光芒。

通过文化产业的巧妙创意和精心开发，这些民间故事、手工艺品和地方戏曲被赋予了新的生命和意义。它们被巧妙地融入旅游产品之中，成为吸引游客的独特卖点。比如，一些民间故事被改编成引人入胜的旅游剧目，让游客在观赏中感受到当地文化的深厚底蕴；手工艺品则成为精美的旅游纪念品，让游客在把玩中品味当地艺术的精湛技艺；地方戏曲则通过旅游演出等形式，让游客领略到当地音乐的独特魅力。

这些由文化产业孕育出的旅游产品，不仅为旅游市场注入了新的活力，也极大地丰富了市场的供给。它们以其独特的文化内涵和艺术魅力，满足了游客日益增长的多元化、个性化需求。游客可以根据自己的兴趣和喜好，在这些琳琅满目的旅游产品中选择适合自己的旅游体验。这样的旅游市场无疑更加充满活力和竞争力，也为游客带来了更加精彩纷呈的旅游体验。

### (三)文化产业为旅游发展注入了新的活力

随着时代的进步和人们旅游观念的转变，文化产业在旅游发展中的作用日益凸显。它不仅仅是一种经济产业，更是一种能够为旅游地注入新鲜血液和持续动力的文化力量。

文化产业在对自然景观进行打造中发挥了巨大的作用。通过对当地文化的深入挖掘和精心包装,文化产业能够帮助旅游地打造出具有鲜明地方特色和独特魅力的旅游品牌。这种品牌的打造,不仅仅是在视觉和听觉上的呈现,更是在情感和体验上的深度连接。当游客来到这样的旅游地,他们不仅能够欣赏到美丽的自然风光,更能够深入地了解和体验当地的历史文化与风土人情。此外,文化产业的融入也为旅游者创造了更加丰富多彩的旅游体验。传统的旅游方式往往只停留在观光和游览的层面,而文化产业的加入,让游客有机会更加深入地参与到当地的文化活动中,体验当地人的生活方式,感受当地文化的独特魅力。这种深入的体验,不仅让游客的旅行变得更加有意义和难忘,也让他们与旅游地之间建立了更加深厚的情感联系。

文旅发展的深度融合是一种双赢的策略。它不仅能够推动旅游地的经济发展,更能够提升旅游地的文化品位和品牌形象,为游客带来更加美好和深刻的旅游体验。在未来的发展中,应该更加注重文旅发展的有机结合,让二者在相互促进中实现更大的发展。

### (四)文化产业还促进了旅游业的可持续发展

可持续发展作为当今社会的主流发展理念,已经深入到各个领域。在旅游业中,实现可持续发展尤为重要,因为这关系到自然和文化遗产的保护,以及未来世代的旅游体验。文化产业作为与旅游业紧密相连的领域,正为旅游业的可持续发展提供着强有力的支撑。

随着人们环保意识的提高和文化产业的兴起,文化产业以其独特的创意和开发方式,为旅游资源的可持续利用和保护开辟了新的道路。通过对当地文化的深入挖掘和创意开发,文化产业能够赋予旅游资源新的价值和意义,使其在不损害自然和文化遗产的前提下,实现经济效益和社会效益的双赢。

同时,文化产业还能够带动当地经济的多元化发展。文化产业的融入为旅游业带来了更多的收入来源和就业机会。比如,通过开发文旅演出、手工艺品制作体验、地方特色美食等文化产品，可以吸引更多的游客，并延长他们的停留时间，从而增加旅游收入。这种多元化的经济发展模式增强了旅游业的抗风险能力和可持续发展能力。

在未来的发展中，应该进一步加强文旅产业的融合发展，实现互利共赢、共同繁荣。通过深度融合和创新发展，可以让文旅产业共同焕发出更加绚丽的光彩，为人们的生活带来更多美好的体验和回忆。

## 二、旅游产业对文化产业的推动

文旅产业之间的融合，不仅仅是一种简单的相加，更是一种深层次的、全方位的交融与互补。这种融合不仅为文化产业注入了新的活力，也为其带来了更为广阔的发展空间。

文旅产业具有显著的引致效应。随着旅游业的快速发展，人们对旅游体验的需求也在不断提升。他们不再满足于单纯的观光游览，而是更加追求深层次的文化体验。这就为文化产业提供了巨大的市场机会。旅游产业的介入，使得文化产业的各种产品和服务得以在更广阔的范围内传播和推广，从而扩大了其市场空间。

旅游产业对文化产业还具有扩散效应。旅游不仅是一种经济活动，更是一种文化交流与传播的重要形式。在旅游的过程中，人们不仅能够欣赏到美丽的自然风光，更能够深入了解和体验当地的历史文化、风土人情。这种文化的交流与传播，无疑为文化产业的发展提供了更为丰富的资源和素材。

旅游产业还促进了文化产业的经济效益和社会效益的提高。通过旅游的开发和推广，许多濒临失传的文化遗产得以重新焕发生机，不仅为当地带来了可观的经济收入，也为社会文化的传承和发展做出了积极贡献。

旅游产业还促进了民族文化的保护和传承。在旅游的开发过程中，许多民族地区的传统文化和民俗风情得以被挖掘和整理，并通过旅游的形式展示给世人。这不仅增强了人们对民族文化的认同感和自豪感，也为民族文化的传承和发展提供了有力的支持。

文旅产业的融合发展其意义更是深远。这种融合使得旅游因为文化的渗透而变得更加丰富多彩、富有品位；而文化也因为旅游的开发而变得更加生机勃勃、富有活力。这种融合不仅能够催生新的产业形态，满足旅游者的多元化、个性化需求；还能够促进产业创新，推动产品升级和结构优化；更能够拓展产业链，通过产业链的解构与重构实现价值的增值和效益的提升。

# 第六章　文旅产业融合路径

## 第一节　技术融合路径

技术融合是文旅产业融合的重要路径之一。随着科技的不断发展，各种新技术不断涌现，为文旅产业的融合提供了更多的可能性。

### 一、数字化技术

数字化技术对于文旅产业的融合起到了至关重要的作用。它不仅提供了高效、便捷的存储和传播方式，还通过先进的技术手段，如虚拟现实、增强现实等，为游客带来了前所未有的旅游体验。

数字化技术可以将传统文化资源转化为数字形式，从而方便保存、复制和传播。这种转化不仅使得文化资源得到了更加有效地保护，还为旅游产业提供了丰富的素材和创意。通过将这些数字资源应用到旅游产品的设计和开发中，可以创造出更具吸引力和特色的旅游体验。以故宫博物院为例，数字化技术的应用使得文物的展示不再局限于实体展馆。通过官方网站和移动应用等线上平台，全球游客可以随时随地欣赏到故宫博物院珍藏的文物。这种线上展览的方式突破了时间和空间的限制，使得更多人能够领略到文物的魅力。

### 二、虚拟现实技术

虚拟现实技术为文旅产业的融合提供了更加广阔的可能性。通过创造一个虚拟的文化或旅游场景，游客可以在家中就能享受到身临其境的体验，从而更加深入地了解和感受文旅的魅力。

虚拟现实技术为游客提供了一种全新的旅游方式。它突破了时间和空间的限制，使得游客可以在任何时间、任何地点游览世界各地的文化景点和旅游胜地。这种方式的优点在于游客可以自主选择想要游览的景点，并按照自己的节奏和兴趣进行探索。同时，虚拟现实技术还可以为游客提供更加真实和沉浸式的体验，让他们仿佛置身于实地旅游中，感受到景点的细节和氛围。这种线上展览的方式不仅突破了实体展馆的限制，还为游客提供了更加便捷、个性化的参观方式。

虚拟现实技术的应用还为旅游产业带来了更多的创意和可能性。例如，通过虚拟现实技术，游客可以在家中就能体验到探险、冒险等刺激的旅游活动，感受到前所未有的刺激和乐趣。同时，虚拟现实技术也可以为旅游景区提供智能化管理和服务，如客流量监测、环境质量监测等，从而提高旅游服务的质量和效率。

## 三、物联网技术

物联网技术是实现文旅产业深度融合的关键因素之一。通过物联网技术，旅游设施、文化遗产等实体可以与互联网连接，从而实现智能化管理和服务，提高旅游体验和效率。

物联网技术可以实时监测旅游景区的客流量和环境质量等数据，为景区管理者提供及时、准确的信息，帮助他们及时调整和优化旅游服务。例如，九寨沟景区通过物联网技术实现了对景区内环境的实时监测和预警，提高了景区的安全性和游客的满意度。这种智能化的管理方式不仅提高了景区的管理效率，也为游客提供了更加安全、舒适的旅游环境。

物联网技术还可以应用到酒店管理中，实现客房智能化控制和客人个性化服务。例如，有些酒店已经通过物联网技术实现了对客房环境的智能化控制和客人个性化服务，提高了酒店的服务质量和客户满意度。客人可以根据自己的需求和偏好调整客房的温度、照明等，同时酒店也可以根据客人的历史数据提供更加个性化的服务。

物联网技术还可以促进文旅产业的互动和融合。例如，通过物联网技术将文化遗址、博物馆等与互联网连接，可以实现智能化管理和游客体验的升级。游客可以通过智能设备与文物、艺术品等进行互动，获取更加深入的文化信息和解说。这种互动式的旅游体验可以增强游客的参与感和体验感，提高文旅的吸引力和价值。

### 四、人工智能技术

人工智能技术是当前快速发展的技术领域之一，其在文旅产业的融合中也有着广泛的应用前景。通过人工智能技术，可以实现更加智能化的旅游咨询和导游服务，提高游客的旅游体验和满意度。

人工智能技术可以应用于旅游咨询方面。游客可以通过智能语音助手或在线平台进行旅游咨询，获得关于景点、酒店、交通等方面的智能推荐和解答。这种智能化的咨询服务可以大大提高游客的旅游效率和质量，帮助他们更好地规划和安排行程。

人工智能技术也可以提供智能化的导游服务。通过人工智能技术，可以实现语音导览、路线规划、景点讲解等方面的服务，提高游客的旅游体验和便利性。

人工智能技术还可以应用到文化创意产业中。通过机器学习和大数据分析等技术手段，人工智能可以提供更加新颖和独特的创意和设计方案。例如，一些设计公司利用人工智能技术进行创意设计，开发出更加具有创新性和实用性的产品和服务。这种技术的应用不仅可以提高文化创意产业的生产效率，还可以为游客提供更加丰富和新颖的文化体验。

通过数字化技术、虚拟现实技术、物联网技术和人工智能技术的应用和创新，可以实现文旅产业的深度融合和发展。未来随着技术的不断进步和应用创新，文旅产业的融合将更加紧密和深入。

## 第二节　市场融合路径

### 一、产品融合

在产品融合方面，主要策略是将文化元素有机地融入旅游产品中，实现深度的融合。这需要深入挖掘当地的历史文化、民俗文化、非遗文化等，将这些独特的文化元素与旅游线路、景点和活动紧密结合，创造出真正具有文化特色的旅游产品。这样的产品不仅能满足游客对异域文化的探索欲望，还能提供与众不同的旅游体验，使游客获得深刻的文化冲击和情感满足。为了实现文旅产品的深度融合，需要采取一系列措施。

首先，要对当地文化进行全面的调查和研究，了解其历史背景、文化内涵和特色元素。其次，要将文化元素巧妙地融入旅游线路、景点和活动中，注重游客的参与和体验，让他们能够亲身感受到当地文化的魅力。最后，还要注重文化元素的保护和传承，确保在融合过程中保持其原真性和可持续性。在具体实践中，一些古镇或古村落将传统文化表演、手工艺制作、民间艺术等融入旅游线路中。游客可以在游览古迹的同时，欣赏传统文化表演，亲手制作手工艺品，参与民间艺术活动等。这种深度融合不仅丰富了旅游产品的内涵，提升了产品的独特性和吸引力，还为当地居民提供了更多的就业机会和收入来源，促进了当地经济的发展。

## 二、营销融合

在营销融合方面，主要策略是通过跨渠道的营销方式来推广文旅产品。随着互联网和社交媒体的发展，营销的渠道和方式也日益多样化。利用互联网平台如社交媒体、短视频、在线旅游平台等进行宣传和推广，结合线下的文化活动、节庆活动等，可以更广泛地传播文旅产品，提高市场知名度和竞争力。例如，通过社交媒体平台发布关于当地文化的短视频或文章，吸引更多人的关注和兴趣。同时，与互联网达人、意见领袖等合作，进行文旅产品的推广和宣传，扩大影响力。此外，线下文化活动和节庆活动也是吸引游客的重要方式，通过举办具有当地特色的文化活动或节庆活动，可以吸引游客前来参与和体验。

## 三、渠道融合

道融合方面，主要策略是开拓多元化的销售渠道，包括线上平台、线下旅行社、直销等。随着科技的发展和消费者行为的改变，单一的销售渠道已经不能满足市场的需求。因此，开拓多元化的销售渠道成为文旅市场融合的重要策略之一。

线上平台是现代销售的重要渠道之一。通过建立自己的官方网站、电商平台等线上销售平台，可以覆盖更广泛的消费者群体，提高销售量和市场覆盖面。同时，线上平台还可以提供个性化的服务和定制化的产品，满足消费者的个性化需求。

线下旅行社也是重要的销售渠道之一。与旅行社进行合作，共同开发文旅产品，可以更好地满足市场需求。旅行社拥有丰富的客户资源和服务经验，通过与他们的合作，可以扩大销售渠道和提高市场占有率。

直销也是有效的销售渠道之一。通过直接与消费者建立联系，了解他们的需求和反馈，可以提供更加贴心和专业的服务。直销还可以降低中间环节的成本，提高销售的效率和利润。

除了开拓多元化的销售渠道外，与相关产业进行合作也是渠道融合的重要手段之一。例如，与酒店、航空公司等合作，提供一体化的服务，满足消费者的一站式需求。这种合作可以带来资源共享、互利共赢的局面。通过与酒店、航空公司的合作，可以提供更加便利和全面的服务，提升游客的旅游体验和满意度。

## 四、品牌融合

在品牌融合方面，主要策略是强化文旅品牌的建设。品牌是市场竞争力的重要体现，一个强大的品牌能够吸引更多的游客，提升市场份额。因此，将文化元素与旅游品牌进行有机融合，是提升市场竞争力的重要手段。

品牌联合是一种有效的策略。通过与知名的文化品牌、旅游品牌进行合作，共同打造具有影响力的文旅品牌，可以带来更多的曝光和关注度。这种合作不仅可以提升各自品牌的知名度和影响力，还能够实现资源共享、优势互补，进一步增强品牌的竞争力。

品牌扩展也是品牌融合的重要手段。通过将原有的品牌元素融入新的产品或服务中，可以增加品牌的附加值和市场占有率。例如，一些知名的文化景区可以将自己的品牌元素授权给旅游企业，共同开发具有特色的旅游线路和产品，进一步提升品牌的附加值和市场影响力。在品牌融合的过程中，需要注意保持品牌的统一性和连贯性。无论是品牌联合还是品牌扩展，都需要确保品牌的形象、理念和价值得到传承和延续。这样可以增强游客对品牌的认知和信任，提升品牌的忠诚度。

加强品牌的宣传和推广也是必不可少的。通过各种渠道和媒体进行宣传，提高品牌的知名度和美誉度。同时，通过举办文化活动、旅游推广等活动，吸引更多的游客关注和参与，进一步提升品牌的知名度和影响力。

## 五、服务融合

在服务融合方面，主要策略是提升服务质量和水平，提供个性化的服务。在文旅产业的融合过程中，服务融合起到了至关重要的作用。这不仅涉及硬件设施的完善，更在于软件服务的提升。对于游客来说，一次旅游体验不仅仅是看风景，更是感受一种文化和生活方式。因此，提供贴心、专业的服务成为吸引游客的关键。

服务人员不仅需要了解当地的历史文化、民俗风情，还需要熟悉旅游线路和活动的内容，以便为游客提供详尽的介绍和指导。通过与游客的互动和沟通，服务人员能够传递出当地的文化特色和价值观，使游客更加深入地了解和体验当地文化。不同游客的需求和兴趣各不相同，因此需要根据游客的需求和偏好为他们提供定制化的服务。例如，对于喜欢艺术和文化的游客，可以安排参观当地的博物馆、艺术展览或参加文化活动；对于喜欢户外运动的游客，可以提供徒步、攀岩、漂流等户外活动。通过满足游客的个性化需求，可以进一步提升游客的满意度和忠诚度。此外，关注游客的反馈和建议也是服务融合的关键环节。游客的意见和建议是改进服务的宝贵资源，及时回应和处理游客的反馈有助于提高服务质量。通过与游客互动和沟通，了解他们的需求和期望，可以针对性地改进服务内容和方式，提升游客的旅游体验。

### 六、规范融合

在规范融合方面，主要策略是制定和完善文旅市场的法规和标准，规范市场行为。随着文旅市场的深度融合，制定相应的法规和标准对于保障市场的公平竞争和健康发展至关重要。

制定法规是规范市场行为的基础。通过制定相关法规，可以明确市场主体之间的权利和义务，规范企业的经营行为和市场秩序。同时，法规的制定也要注重保护游客的合法权益，确保游客在旅游过程中能够享受到优质的服务和保障。

完善标准是提升市场质量的关键。在文旅市场中，制定完善的产品质量标准、服务标准、安全标准等，能够促使企业按照统一的标准进行经营和服务，提升整个市场的质量水平。同时，标准的制定也要注重与国际接轨，提升我国文旅市场的国际竞争力。建立公平、透明的市场环境是规范融合的另一重要方面。通过加大监管力度，打击不法行为，维护市场的稳定和健康发展。对于违反法规和标准的企业，要进行严厉的处罚，以起到震慑作用。同时，加大监管力度还能够保障市场的公平竞争，防止恶意竞争和不正当手段的出现。

规范融合还需要建立完善的投诉处理机制。游客在旅游过程中遇到问题或纠纷时，能够有渠道进行投诉和维权。建立完善的投诉处理机制，及时处理游客的投诉和反馈，不仅能够保障游客的合法权益，还能够提升企业的服务质量和服务水平。

## 第三节 资源产品融合路径

在文旅产业的融合过程中，资源产品融合路径是一个重要的方面。这一路径主要涉及如何将文化资源转化为具有吸引力的旅游产品，同时实现资源的有效保护和持续利用。

## 一、资源产品融合需要深入挖掘文化资源的核心价值和特色

深入挖掘文化资源的核心价值和特色，是实现资源产品融合的重要基础。在文旅融合的过程中，需要通过对文化资源的深入了解和研究，发现其独特的魅力和价值所在。这些价值可能源于历史、文化、艺术、民俗等多个方面，是构成文旅产品开发的重要元素。

每个地区和民族都有其独特的历史背景和文化遗产，这些历史文化遗产是吸引游客的重要因素。通过深入了解当地的历史文化背景，可以开发出具有独特魅力和吸引力的旅游景点和活动。例如，将历史建筑、古迹遗址等文化遗产转化为旅游景点，让游客亲身体验历史文化的厚重感和独特魅力。同时，通过策划和组织相关的历史文化活动，如展览、讲座等，可以让游客更加深入地了解当地的历史文化。

艺术和文化是文旅的重要组成部分，通过对艺术传统的挖掘和研究，可以推出各种艺术展览和文化体验项目，满足游客对艺术和文化的追求。例如，结合当地的艺术传统和特色，可以策划和举办各种艺术展览、音乐会、戏剧表演等活动，让游客在欣赏艺术作品的同时，感受到当地的文化氛围和艺术气息。

民俗文化是一个地区或民族独特的文化传统和生活方式，通过对民俗文化的挖掘和展示，可以打造具有特色的文化节庆和演出，让游客深入了解当地的民俗风情和传统文化。例如，通过组织民俗文化节庆活动、民间艺术表演等形式，可以让游客亲身体验当地的民俗文化和传统技艺，增加旅游的趣味性和互动性。

在深入挖掘文化资源的同时，还需要注重创意和策划。创意是文化产业的核心要素，也是实现资源产品融合的关键。通过创意策划，可以将文化资源转化为具有吸引力和独特性的旅游产品。例如，结合当地的文化特色和资源，可以设计独特的主题公园、实景演出、文化节庆等旅游项目，为游客提供全新的旅游体验。同时，通过创意的布局和规划，也可以

提升旅游景区的吸引力和可玩性，让游客在旅游过程中获得更多的惊喜和愉悦。此外，创新的营销手段也可以提高旅游产品的知名度和美誉度，吸引更多的游客前来体验。

通过对历史、文化、艺术、民俗等多个方面的深入研究和分析，可以发现文化资源的独特魅力和价值所在。通过创意策划和市场营销等手段的运用，将文化资源转化为具有吸引力和独特性的旅游产品，可以推动文旅产业的深度融合发展，为游客提供更加丰富和美好的旅游体验。

## 二、资源产品融合需要注重创新和差异化

在当今旅游市场竞争激烈的背景下，旅游产品的创新和差异化显得尤为重要。为了在市场中脱颖而出，需要结合文旅产业的特色和优势，开发出具有新颖性和差异化的旅游产品。

创新是实现旅游产品差异化的关键。通过创新，可以打破传统思维模式和行业规则，创造出与众不同的旅游产品。例如，可以利用科技手段提升游客的体验感，如虚拟现实、增强现实等技术可以让游客更加深入地了解文化资源和历史背景；通过跨界合作与创意融合，可以推出融合了不同领域元素的旅游产品，如音乐节与当地文化的结合、艺术展览与旅游景区的结合等；利用当地资源和环境打造独特的主题公园、民宿等，也可以吸引游客并满足其多元化需求。

要注重市场需求和游客偏好。了解游客的需求和偏好可以更好地设计和开发符合市场需求的旅游产品。通过市场调研和分析，可以了解游客对旅游产品的期望和评价，从而调整和优化产品设计和服务质量。同时，关注市场的变化和趋势也有助于及时调整策略和创新方向，保持旅游产品的竞争力和吸引力。

文旅产业的结合可以为旅游产品的创新和差异化提供丰富的资源和灵感。文化资源具有独特性和不可复制性，是吸引游客的重要因素。通过深入挖掘文化资源的核心价值和特色，将文化元素融入旅游产品的设计和开发中，可以创造出具有文化内涵和特色的旅游产品。例如，结合当

地的文化传统和艺术特色，可以开发出具有民族特色的服饰、手工艺品、表演等文化产品，为游客提供独特的文化体验。

## 三、资源产品融合还需要关注资源保护和可持续发展

资源产品融合在推动文旅产业融合发展的过程中，需要重点关注资源保护和可持续发展。这是因为文旅产品资源的开发与保护是相辅相成的，只有注重资源保护，才能实现文旅融合的可持续发展。

保护文化资源的原始风貌和文化生态至关重要。文化资源的原始风貌和文化生态是文旅的核心吸引力之一，也是文化传承和发展的重要基础。在开发旅游产品时，必须采取谨慎的态度，确保文化资源的原始风貌和文化内涵得到充分保护。这要求在规划、开发、建设和运营等各个环节中，都要充分考虑到文化资源的独特性和不可复制性，避免过度商业化和破坏性开发。同时，对于历史建筑和古迹遗址等文化遗产，应采取严格的保护措施，确保其完整性和真实性。任何修复和改造都应以不改变其历史和文化价值为前提，避免不当修复和破坏。

要积极探索可持续发展的模式。可持续发展是文旅的重要方向之一，它要求在保护文化资源的同时，实现旅游产业的良性发展。这需要采取一系列措施，如合理规划旅游资源、控制游客流量、推广绿色旅游等。通过合理规划旅游资源，可以避免过度开发和资源浪费，确保文化资源的可持续利用。控制游客流量可以减轻旅游对文化资源的压力，保持其生态平衡和环境质量。推广绿色旅游可以减少环境破坏和污染，促进旅游产业的环保和可持续发展。

社会各界也应发挥各自的作用，如加强公众教育、倡导绿色旅游等。通过共同努力，可以形成文化资源保护与旅游可持续发展有机结合的局面。公众教育可以增强公众对文化资源保护和旅游可持续发展的认识和意识，引导人们文明旅游、绿色出行。倡导绿色旅游可以促进环保意识的普及和实践，推动旅游产业的环保和可持续发展。

### 四、资源产品融合还需要加强跨产业合作和政策支持

资源产品融合在推动文旅产业融合发展的过程中，需要加强跨产业合作和政策支持。这是因为文旅产业的融合不仅仅是两个产业的简单相加，而是涉及多个相关产业的协同发展。

加强跨产业合作是实现资源产品融合的重要途径之一。文旅产业的发展离不开其他相关产业的支持，如交通、餐饮、住宿等。这些产业在提供服务、保障需求等方面发挥着重要作用，直接影响到文旅产品的质量和吸引力。因此，加强与相关产业的合作，形成完整的产业链和产业集群，是推动文旅产业融合发展的关键。通过合作，可以整合资源、共享信息、降低成本、提高效率，共同打造具有竞争力的文旅产品。

政策支持对资源产品融合的发展至关重要。政府在文旅产业的融合过程中扮演着重要的角色，应该出台相关政策措施，鼓励和支持文旅产业的融合发展。例如，政府可以提供财政支持、税收优惠等政策，降低文旅企业的经营成本，提高其市场竞争力。同时，政府还可以通过制定行业标准、规范市场秩序等措施，为文旅产业的健康发展提供保障。

政府还可以通过与其他国家和地区开展合作交流，推动文旅产业的国际合作。通过参与国际文化交流活动、举办国际旅游展览等活动，可以引进国际先进理念、技术和经验，提升文旅产业的国际竞争力。

## 第四节　企业融合路径

随着文旅产业的不断发展，企业间的融合已经成为一种重要的趋势。企业融合是指两个或多个企业通过合作、合资、并购等方式，实现资源共享、优势互补，共同开拓市场、创新产品和服务。在文旅产业的融合过程中，企业融合路径具有以下特点。

## 一、以市场需求为导向

企业融合的核心理念是以市场需求为导向，以最大限度满足游客的需求和提升游客的体验为目标。这一理念在文旅产业的融合中显得尤为重要。

文旅产业都是高度市场化的产业，市场的需求和变化对这两个产业的发展起着决定性的作用。在当今竞争激烈的市场环境中，深入了解和分析市场需求已经成为企业生存和发展的关键。对于文旅产业的融合来说，这更是基础上的基础。只有真正了解游客的需求和偏好，企业才能有针对性地开发出符合市场需求的产品和服务。

随着人们生活水平的提高和旅游经验的积累，游客对文旅的需求也日益多元化、个性化、高品质化。他们不仅仅满足于简单的观光游览，而是追求更深层次的文化体验和互动。这就要求企业在产品和服务的设计过程中，充分融入文化元素，提供有内涵、有特色的旅游产品和服务。只有这样，才能满足游客对文旅的期待，提升他们的旅行体验。企业融合是实现这一目标的有效途径。通过企业融合，文旅产业的企业可以相互整合资源，实现优势互补。这不仅可以提高生产效率，降低成本，还能推动技术创新和产品创新。例如，文化企业可以利用旅游企业的渠道优势，将文化产品推向更广泛的市场；而旅游企业则可以借助文化企业的创意资源，打造更具吸引力的旅游产品和体验。这种合作模式能够更好地满足市场的多元化需求，提升企业的竞争力和盈利能力。

以市场需求为导向的企业融合能够驱动文旅产业的深度融合发展。在市场竞争的推动下，企业会不断地进行创新和尝试，推出更多符合市场需求的特色产品和服务。这不仅能满足游客不断变化的需求，还能促进产业的转型升级和持续发展。例如，随着数字技术的快速发展，文旅企业可以借助虚拟现实、增强现实等技术为游客提供沉浸式的文旅体验；同时，通过大数据和人工智能技术对游客需求进行分析，为企业精准定位市场和制定营销策略提供有力支持。

## 二、以创新为驱动力

在当今快速变化的市场环境中,创新是企业持续发展的核心动力。对于文旅产业的融合,这种驱动力尤为重要。这是因为两个产业的结合不仅仅是一个简单的物理叠加,而是一个复杂的系统性问题,需要不断地进行创新和变革。

创新是满足游客个性化需求的必要手段。随着消费者需求的多样化,游客对于文旅产品和服务的要求也越来越高。他们追求独特的、有特色的、有内涵的旅行体验,这要求企业不断地进行产品和服务创新,以满足这些个性化的需求。

企业融合为创新提供了平台和机会。通过融合,文旅产业的企业可以共享彼此的技术和资源,加强研发合作,推动产品和服务创新。这种合作模式打破了传统产业边界,促进了技术和创意的交流,为企业带来了更多的创新机会。具体来说,文化产业通常拥有丰富的创意资源和内容生产能力,可以为旅游产业提供丰富多彩的文化产品和体验。而旅游产业则具备强大的市场推广和渠道优势,可以将这些文化产品推向更广泛的市场,满足更多游客的需求。通过企业融合,双方可以实现优势互补,共同推动文旅的创新和发展。

除了产品和服务创新,企业融合还能促进企业管理、品牌和营销等方面的创新。在融合过程中,企业需要重新审视自身的组织结构、管理方式和营销策略,以适应新的市场环境。这种变革和创新能够提升企业的整体竞争力,使其在市场竞争中获得更大的优势。同时,企业融合还能推动产业链的整合和创新。通过企业融合,文旅产业的企业可以形成一个更为紧密的产业链条,实现资源共享、优势互补。这种整合能够提升整个产业的创新能力,推动产业的发展和升级。以创意产业为例,创意产业是文化产业的重要组成部分,具有高度的创新性和灵活性。通过与旅游产业的融合,创意产业可以为旅游产品提供更多元化、更具创意的内容和体验。例如,创意设计、影视制作、艺术表演等领域的企业可以与旅游景区、主题公园等合作，共同打造独特的文旅项目。这种合作模式不仅能够丰富游客的体验，还能为企业带来更多的商业机会和利润空间。

## 三、以共赢为目标

企业融合的终极目标是实现共赢，这同样适用于文旅产业的融合。在两个产业的交叉融合中，企业需要寻找共同的利益点，通过合作实现互利共赢，达到“1+1>2”的效果。

共赢的目标是基于资源共享和优势互补的原则。文旅产业在资源与优势上各有千秋，通过企业融合，双方可以实现资源的高效配置和优化，从而更好地应对市场的挑战和机遇。例如，文化企业通常拥有丰富的创意资源和内容生产能力，可以为旅游产业提供丰富多彩的文化产品和体验；而旅游企业则具备强大的市场推广和渠道优势，可以将这些文化产品推向更广泛的市场，满足更多游客的需求。通过资源共享和优势互补，企业可以降低成本、提高效率、增强创新能力，从而实现更好的经济效益。

企业融合还可以促进产业升级和结构调整。随着文旅产业的深度融合，传统的产业边界逐渐模糊，新的产业形态和商业模式不断涌现。这种变革有助于提升企业的竞争力和适应市场变化的能力，推动整个产业的转型升级和结构调整。例如，影视旅游、艺术旅游等新兴业态的出现，为企业提供了更多的发展机遇和空间。通过企业融合，文旅产业可以实现更为紧密地合作和协同发展，进一步增强产业的可持续发展能力。

共赢的目标还体现在社会责任和产业发展的层面。文旅产业的融合不仅有助于推动经济增长和提高就业率，还能够促进文化的传承和创新，提升国民的文化素质和审美水平。通过企业融合，文旅产业可以共同为社会创造更大的价值，实现社会效益与经济效益的双重提升。例如，企业可以通过合作开展文旅项目，弘扬传统文化、传播现代文明，同时带动当地经济发展、提高人民生活水平。这种共赢的合作模式有助于推动社会的和谐发展与进步。

## 四、以政策支持为保障

企业融合，特别是文旅产业的融合，需要政策的支持和引导。政策不仅是企业行为的指南，更是产业发展的风向标。政府在此过程中发挥着至关重要的作用，通过制定和实施相关政策，可以有效地促进企业间的融合与发展。

政策支持为企业融合提供了财政和资金保障。文旅产业都是资本密集型的产业，需要大量的资金投入。在融合过程中，企业面临着诸多风险和挑战，如市场不确定性、技术研发成本高等问题。因此，政府通过出台财政补贴、税收优惠等政策措施，能够降低企业的成本和风险，提高其盈利能力。这些政策不仅能够直接为企业提供经济支持，还能激发企业的创新活力，推动产业内部的变革和升级。

政策支持有助于规范市场秩序、加强监管。文旅产业的市场环境复杂多变，企业间的竞争激烈。政府通过制定行业标准和规范，加强市场监管，能够为企业融合创造一个公平、公正、有序的市场环境。同时，政府还可以通过建立完善的法律法规体系，保护企业的合法权益，防止不正当竞争和侵权行为的发生。这样的政策支持不仅能够确保市场的公平性，还能促进企业的可持续发展。

政策支持还能发挥桥梁纽带的作用。政府作为连接企业与市场的桥梁，可以为企业提供信息和咨询服务，帮助企业了解市场需求、把握市场动态。在文旅产业的融合过程中，企业需要了解市场的需求和趋势，以便更好地调整自身的战略和产品。政府通过收集和分析市场数据，为企业提供有针对性的信息支持，能够促进企业间的合作与沟通。此外，政府还可以组织开展各类交流活动，如产业峰会、论坛等，为企业提供交流平台，促进企业间的合作与沟通。这些交流活动能够推动产业内的资源共享和协同发展，促进企业间的深度合作。

除了提供信息和交流平台之外，政府还可以通过设立专项资金、提供财政补贴或税收优惠等政策措施来鼓励和支持企业间的融合发展。这些政策措施能够降低企业的成本和风险，提高其盈利能力，进一步推动文旅产业的深度融合与发展。

# 第七章　文旅产业融合发展对策建议

## 第一节　文旅企业合作——促进文旅化

### 一、加强产业融合理念，促进企业互动合作

在文旅融合的背景下，企业应积极探索跨界合作的机会，以实现资源共享和优势互补。这种跨界的合作不仅可以提高企业的竞争力，还可以推动文旅产业的深度融合，进一步促进文旅化的发展。

（一）强化跨界合作理念

文旅企业需要打破传统的行业界限，以更加开放的姿态寻求合作机会。文旅企业应意识到，通过跨界合作可以实现资源共享、优势互补，从而更好地满足市场需求。在文旅融合的过程中，企业可以通过项目合作、资源共享、联合营销等方式实现互利共赢。例如，文化企业可以利用旅游企业的渠道资源将文化产品推向更广阔的市场，而旅游企业则可以通过文化企业的创意资源提升旅游目的地的文化内涵和吸引力。这种合作模式有助于企业在激烈的市场竞争中脱颖而出，提升品牌知名度和市场份额。为了实现跨界合作的目标，企业需要具备前瞻性的战略眼光和跨界合作的意识。企业领导层需要具备敏锐的市场洞察力和创新思维，能够把握市场趋势，主动寻求合作机会。

（二）建立良好的合作机制

为了实现跨界合作的目标，文旅企业需要建立稳定、高效的合作机制和沟通渠道。这不仅是合作成功的关键，也是维护各方利益、推动产业融

合发展的基础。文旅企业需要建立良好的合作机制和沟通渠道。在跨界合作中,企业之间需要建立互信、互助、互利的合作关系,共同制定合作方案、明确各方职责和权益分配。同时,企业还需要建立有效的沟通渠道,及时解决合作中遇到的问题和矛盾,确保合作的顺利进行。

### (三)注重产品和市场要素

企业在跨界合作中还需要注重产品的创新和品质提升。在文旅融合的背景下,文旅企业可以共同开发具有文化内涵的旅游项目,将文化元素与旅游体验相结合,提升产品的附加值和吸引力。同时,企业还应注重产品的品质提升和创新发展,不断推陈出新,满足游客日益多样化的需求。随着消费者需求的不断升级和变化,企业需要深入了解市场需求和趋势,及时调整产品和服务策略。例如,针对年轻游客的个性化需求,企业可以推出定制化、体验式的文旅产品和服务,提高游客的满意度和忠诚度。

在文旅融合的背景下,文旅企业应积极探索跨界合作的机会,以实现资源共享和优势互补。通过建立良好的合作机制、注重产品创新和品质提升、关注市场需求变化和趋势等措施的实施,企业可以更好地把握市场机遇、提升竞争力、促进文旅产业的深度融合发展。

## 二、培育龙头企业,打造文旅精品

在推进文旅融合的过程中,培育龙头企业并打造文旅精品是至关重要的实施策略。龙头企业通常具备强大的创新能力和市场影响力,能够引领整个行业的发展方向。为了更好地支持这些企业的发展,政府应当加大政策扶持力度,提供一系列优惠政策,如税收减免、资金扶持等,以激发企业的创新活力。在龙头企业的培育过程中,政府应当引导企业加强自主创新能力,推动技术升级和产品创新。通过引入先进的技术和管理经验,龙头企业可以开发出独具特色的文旅精品项目。这些项目不仅要具有独特性和吸引力,能够满足游客的多元化需求,还要注重品质和可持续性,确保项目的长期发展潜力。

为了实现文旅融合的深度发展,企业需要深入挖掘当地的文化资源,结合市场需求进行创意开发。文化资源是一个地区或民族经过长期积淀形成的独特精神财富，具有不可复制性和不可替代性。对于旅游行业来说，文化资源是打造特色旅游产品、提升旅游品质的重要基础。

龙头企业可以通过对当地历史、民俗、艺术等元素的深入研究，将这些文化资源融入旅游线路、活动和产品的设计中。例如，可以结合当地的历史背景，开发历史文旅线路，带领游客领略当地的历史风貌和文化底蕴。或者结合当地的民俗文化，举办民俗文化节庆活动，让游客亲身体验当地的民俗风情和传统文化。通过这些创意开发，龙头企业可以为游客提供更加丰富和深刻的旅游体验，同时也有助于提升当地的文化知名度和旅游品牌形象。

除了深入挖掘文化资源，龙头企业还需要注重品牌建设，提升自身的市场影响力。品牌是企业的核心竞争力，一个具有辨识度和美誉度的品牌形象可以为企业带来更多的商业机会和竞争优势。龙头企业可以通过品牌建设，塑造独特的品牌形象和品牌价值，提升游客对企业的认知度和信任度。例如，可以通过创意广告、营销推广等方式，提升企业在目标市场的知名度和影响力。同时，龙头企业还应积极参与国际交流与合作，吸收国际先进经验和技术，提升自身的国际化水平。通过与国际同行的交流与合作，企业可以拓宽视野、提升竞争力，推动文旅产业的国际化发展。

为了实现文旅融合的深度发展，企业需要深入挖掘当地的文化资源，结合市场需求进行创意开发。同时，加强品牌建设、提升市场影响力也是推动文旅融合发展的重要手段。通过这些措施的实施，可以提升整个行业的水平，推动文旅化的发展，为经济社会的繁荣注入新的动力。培育龙头企业并打造文旅精品是推动文旅融合发展的重要实施策略。政府应加大对龙头企业的支持力度，鼓励企业加强自主创新和品牌建设，深入挖掘当地文化资源，打造独具特色的文旅精品项目。通过这一系列措施的实施，可以提升整个行业的水平，推动文旅化的发展，为经济社会的繁荣注入新的动力。

## 三、创新市场营销渠道，树立文旅品牌

在文旅融合的背景下，创新市场营销渠道和树立文旅品牌对于提升企业竞争力和吸引力至关重要。随着科技的进步和消费者行为的转变，传统的营销方式已经难以满足市场的需求。因此，企业需要不断创新市场营销渠道，结合文旅结合的理念，打造独特的文旅品牌。

随着互联网、社交媒体和移动应用的普及，消费者获取信息和购买决策的方式发生了深刻的变化。因此，企业需要充分利用数字化技术，拓展市场营销渠道，以更好地满足消费者的需求和提升市场竞争力。通过大数据分析，企业可以深入了解目标客户的需求和偏好，为他们提供定制化的旅游线路和活动建议。例如，利用搜索引擎优化（SEO）和搜索引擎营销（SEM）技术，提高企业在搜索引擎中的排名，增加曝光率；通过用户行为分析，了解游客的搜索关键词、浏览习惯和购买决策过程，为他们提供更加贴心的推荐和服务。社交媒体已成为现代人获取信息和交流的重要渠道。企业可以通过在社交媒体平台上建立官方账号，发布旅游线路、活动信息、文化故事等内容，与潜在游客进行互动和交流。通过与意见领袖、网红或明星合作，邀请他们体验企业的旅游产品和服务，借助他们的影响力吸引更多潜在游客的关注和参与。同时，企业还可以通过社交媒体平台进行用户调研、活动报名和在线客服等互动服务，提升游客的满意度和忠诚度。

品牌不仅是企业的标识，更是游客对企业的认知和信任的来源。因此，企业需要结合文旅结合的理念，深入挖掘当地的文化资源，打造独特的文旅品牌。文化资源是一个地区或民族经过长期积淀形成的独特精神财富，具有不可复制性和不可替代性。企业可以通过对当地的历史、民俗、艺术等元素的深入研究，了解其独特性和价值，将这些文化元素融入旅游产品和服务的开发中。企业需要结合市场需求和游客体验，打造独具特色的文旅品牌。例如，可以推出以当地文化为主题的旅游线路和活动，让游客深入了解当地的文化传统和风俗习惯；举办文化节庆活动、展

览等，为游客提供丰富多彩的文化体验；开发具有文化特色的旅游纪念品，满足游客的购物需求。通过这些措施，企业可以打造独特的文旅品牌，提升自身的知名度和美誉度。品牌形象是游客对企业的第一印象和认知，对于企业的市场竞争力有着至关重要的影响。企业需要设计独特的品牌标识和视觉形象，通过宣传和推广让游客对企业品牌产生记忆和认知。同时，企业还需要不断提升产品和服务质量，保持与游客的良好互动和沟通，以维护品牌的形象和声誉。

## 四、培养文旅兼备的复合型人才

培养文旅兼备的复合型人才是推动文旅化发展的关键。这类人才不仅具备深厚的文化底蕴，还具备旅游管理和服务的专业能力，是推动文旅创新发展的重要力量。为了培养这种复合型人才，需要从多个方面进行深度分析和探讨。

文旅涉及历史、艺术、民俗等多个领域，需要人才具备广泛的知识储备。同时，旅游管理方面的专业知识和技能也是必不可少的，包括旅游规划、市场营销、酒店管理等。因此，教育体系需要加强跨学科的合作与交流，建立完善的知识体系和课程体系。可以通过开设跨学科的课程、组织学术交流活动、鼓励学科交叉研究等方式，促进不同学科之间的融合与合作，培养出具备综合素质的复合型人才。

文旅需要人才具备丰富的实践经验，了解市场需求和游客心理，能够灵活应对各种情况和挑战。因此，教育机构应加强与企业的合作，为学生提供更多的实践机会和实习岗位。可以通过建立实践教学基地、开展校企合作项目、组织实习实训等方式，让学生在实际工作中积累经验，提升自己的能力。同时，企业也可以通过与教育机构的合作，提前培养和选拔优秀的人才，提高自身的竞争力和创新力。

文旅需要不断地推陈出新，满足游客日益多样化的需求。因此，人才需要具备创新思维和创新能力，能够发现新的市场机会和旅游资源，创造独特的旅游产品和体验。教育机构应注重培养学生的创新意识和创新思维，鼓励他们勇于尝试和创新。可以通过开设创新课程、组织创新实践活动、建立创新平台等方式，激发学生的创新潜力，培养他们的创新精神。

随着国际旅游的不断发展，跨文化交流成为文旅的重要组成部分。人才需要具备良好的语言能力，能够与不同国家和地区的游客进行有效的沟通和交流。因此，教育机构应加强语言能力的培养，为学生提供更多的语言学习和交流机会。可以通过开设外语课程、组织语言交流活动、开展国际合作项目等方式，提高学生的语言水平，培养他们的跨文化交流能力。

培养文旅兼备的复合型人才需要从知识体系、实践经验、创新思维和语言能力等多个方面进行深度分析和探讨。教育机构和企业应加强合作，共同推动复合型人才的培养和发展。政府和社会各界也应关注和支持复合型人才的培养工作，为其提供更多的资源和机会。通过全社会的共同努力，可以培养出更多优秀的复合型人才，为文旅产业的繁荣做出贡献，并推动文旅的可持续发展。

## 第二节　激发消费者的文旅需求

### 一、推出消费惠民措施

为了促进文旅消费，提升消费者对文旅产品的购买意愿和参与度，政府部门和企业可以采取一系列消费惠民措施。这些措施旨在降低消费者的消费门槛，提升消费体验，进一步释放文旅消费潜力。

#### (一)实施优惠政策

建立反馈机制在促进文旅企业的协调发展中具有至关重要的作用。为了更好地了解企业的实际需求和所面临的问题，政府部门必须积极倾听企业的声音，而一个高效、畅通的反馈机制正是实现这一目标的关键。

政府部门可以设立专门的反馈渠道或热线，为企业提供一个便捷的途径来反映问题和提出建议。这些渠道或热线应该具备高效、及时响应的特点，确保企业的反馈能够得到迅速地处理和回应。同时，政府部门还应该定期收集企业的意见和建议，对这些反馈进行深入的分析和研究，以了解企业发展的真实需求和行业发展的最新动态。

政府部门需要根据收集到的企业反馈及时调整管理协调策略。通过分析企业的意见和建议，政府部门可以发现管理协调工作中存在的问题和不足，进而有针对性地改进和完善相关政策和措施。这种动态的调整过程不仅可以提高管理协调策略的针对性和有效性，还可以增强企业对政府工作的信任和支持。

建立反馈机制还可以促进政府部门与企业之间的良性互动和合作。通过定期的沟通交流和反馈处理，政府部门可以更好地了解企业的实际运营情况和所面临的挑战，而企业也可以更加深入地理解政府部门的政策意图和工作重点。这种相互理解和支持的关系有助于推动文旅企业的深度融合和协同发展，共同推动文旅产业的繁荣和进步。

### (二)举办文旅消费季、消费月活动

举办文旅消费季、消费月等活动，是提升文旅市场活力、推动消费增长的有效手段。这类活动通常在特定的时间段内，如一个季度或一个月，集中推出各类文旅产品，为消费者提供丰富多样的选择。在活动期间，可以组织各种形式的文化演出，如音乐会、戏剧表演、舞蹈演出等，展示当地的文化特色和艺术魅力。这些演出不仅能吸引本地居民，还能吸引外地游客前来观赏，从而带动文旅消费的增长。

此外，旅游推介也是这类活动的重要组成部分。通过向消费者介绍当地的旅游景点、特色美食、民俗文化等，激发他们对旅游的兴趣和热情。推介活动可以采用多种形式，如旅游讲座、旅游线路推介会、旅游体验活动等，让消费者更直观地了解当地的旅游资源和特色。

特色市集活动也是吸引消费者的重要手段。在市集上，可以展示和销售各种具有地方特色的文化产品和旅游纪念品，如手工艺品、特色服饰、地方特产等。消费者可以在市集上购物、品尝美食、欣赏文化表演，感受当地的文化氛围和旅游魅力。

通过这些活动的举办，可以营造浓厚的消费氛围，吸引大量消费者参与。消费者在参与活动的过程中，可以深入了解当地的文旅资源，增强对文旅产品的认知和购买意愿。同时，这些活动还能促进文旅企业之间的交流与合作，推动文旅产业的融合发展。

### （三）拓展数字文旅消费体验

随着科技的飞速进步，数字文旅消费体验已经成为满足现代消费者追求便捷、个性化需求的重要手段。通过运用先进的数字技术，打破传统文旅消费的时空限制，为消费者带来更加丰富、立体的消费体验。

线上预订功能的开发是实现数字文旅消费体验的第一步。借助互联网平台，消费者可以随时随地预订门票、酒店、旅行套餐等文旅产品，无需排队等待或受限于营业时间。这种预订方式不仅提高了消费者的购物效率，还为他们提供了更多的选择空间，可以根据个人喜好和行程安排灵活旅行计划。

智能导游是数字文旅消费体验中的另一大亮点。通过智能手机或平板电脑等终端设备，消费者可以实时获取景点的详细介绍、历史背景、文化内涵等信息。与传统导游相比，智能导游不仅更加便捷，还能根据消费者的兴趣和需求提供个性化的推荐和解读，让每一次旅行都成为一次深度的文化体验。

虚拟现实技术的运用更是将数字文旅消费体验推向了新的高度。通过佩戴虚拟现实设备，消费者可以身临其境地游览世界各地的名胜古迹、自然风光，感受不同地域的文化氛围。这种沉浸式的体验方式不仅让消费者在短时间内游览更多的景点，还为他们带来了前所未有的感官刺激和视觉享受。

然而，在拓展数字文旅消费体验的过程中，也必须重视消费者的安全性和隐私保护。数字技术的运用往往伴随着个人信息的采集和处理，需要严格的数据加密措施，确保消费者的个人信息不被泄露或滥用。同时，还应建立健全的售后服务体系，对消费者在使用数字文旅产品过程中遇到的问题和困难提供及时、有效地帮助和支持。

### (四)鼓励发行文旅消费联名银行卡

发行文旅消费联名银行卡是当下促进文旅消费的一种创新手段。这种联名卡结合了传统银行卡的支付功能与文旅消费的特色权益,为消费者带来了更多的便利和实惠。

联名卡为消费者提供了便捷的支付方式。在文旅消费场景中,消费者无需携带大量现金或使用多种支付方式,只需一张联名卡即可轻松完成支付。这不仅提高了支付效率,还降低了支付风险,使消费者的消费体验更加顺畅和安心。联名卡还为消费者带来了特惠商户折扣等用户权益。持有联名卡的消费者在指定的文旅商户消费时,可以享受折扣、返现等优惠。这些优惠不仅降低了消费者的消费成本,还激发了他们的消费欲望,进一步推动了文旅市场的繁荣。发行联名卡对银行而言也是一次业务拓展和用户黏性提升的机会。通过与文旅行业的合作,银行可以拓展其业务领域,增加新的业务增长点。同时,联名卡所提供的特色权益也能吸引更多消费者办理和使用,从而增加银行的用户数量和黏性,提升其在市场中的竞争力。

在发行联名卡时,必须高度重视消费者的信息安全和合法权益。银行应建立完善的信息保护机制,同时,银行还应建立健全的消费者权益保护体系,及时处理消费者的投诉和纠纷,维护消费者的合法权益。

### (五)创新消费信贷抵质押模式

在规范发展的基础上,积极创新消费信贷抵质押模式,可以为消费者打开更多的融资渠道,提供更为灵活的还款方式,这对于促进文旅消费的增长具有重要意义。

传统的信贷模式往往对消费者的首付比例、贷款期限和还款方式等有较为固定的要求,这在一定程度上限制了消费者的选择空间。而通过创新消费信贷抵质押模式,金融机构可以开发出更加多样化的信贷产品,满足不同消费者的个性化需求。例如,针对不同收入水平和消费能力的消费者,金融机构可以设计不同首付比例的信贷产品。对于首付比例较低的消费者,金融机构可以通过提高贷款额度或延长贷款期限等方式来减轻其经济压力。同时,金融机构还可以提供多种还款方式供消费者选择,如等额本息、等额本金、先息后本等,以满足不同消费者的还款偏好。

这种创新的消费信贷抵质押模式不仅可以为消费者提供更多的融资渠道和还款方式选择,还有助于降低消费者的融资门槛和成本,进一步激发其消费潜力。同时,对于文旅企业来说,这种模式也可以帮助它们吸引更多的客户,提高销售额和市场竞争力。

创新消费信贷抵质押模式的过程中也需要加强监管和管理,防范金融风险的发生。金融机构在开发信贷产品时,应充分考虑消费者的还款能力和信用风险等因素,确保贷款发放的合规性和安全性。同时,监管部门也应加强对金融机构的监督检查,及时发现和纠正违规行为,保障金融市场的稳定和健康发展。

## 二、提高消费便捷程度

在刺激文旅消费需求的过程中,提高消费的便捷程度是关键的一环。通过提升支付便利、设施改造、互联网应用和交通服务等方面的便捷度,可以极大地增强消费者的消费意愿和体验,进一步释放文旅消费潜力。

### (一)推广移动互联网新兴支付方式

除了传统的银行卡支付和现金支付,移动互联网新兴支付方式如支付宝、微信支付等也逐渐成为消费者的首选。通过推广这些新兴支付方式,可以让消费者在文旅消费场所更加方便快捷地进行支付。这不仅可以提升消费者的支付体验,还可以为商户提供更多的支付选择和渠道,促进业务的多元化发展。

### (二)打造群众身边的文化消费网点

为了更贴近群众,满足他们日益增长的文旅消费需求,依托现有的社区生活综合服务中心、城乡便民消费服务中心等设施,打造一批群众身边的文化消费网点。这些网点不仅地理位置优越,方便消费者前往,而且功能齐全,能够提供一站式的文旅消费服务。在这些文化消费网点内,整合各类文旅资源,提供丰富多样的文旅产品和服务。无论是经典的图书阅览、各类文艺演出，还是主题展览、文化沙龙等活动，都可以在这里找到一席之地。消费者可以根据自己的兴趣和需求，自由选择想要体验的文旅项目。此外，这些网点还可以配备专业的咨询和预订服务团队，为消费者提供便捷、高效的服务。无论是对于文旅产品的详细信息咨询，还是对于行程安排、价格优惠等方面的了解，消费者都可以在这里得到满意的答复和解决方案。这种贴心的服务不仅可以提升消费者的满意度，还能够增强他们对文化消费网点的忠诚度和黏性。

通过这些群众身边的文化消费网点，将文旅消费真正融入人们的日常生活中，让消费者在享受便捷服务的同时，也能够感受到文旅带来的愉悦和满足。这不仅有助于推动文旅市场的繁荣发展，还能够提升整个社会的文化素养和生活品质。

### (三)合理配套餐饮区、休息区和文创产品展示售卖区

在文旅消费场所，合理配套餐饮区、休息区和文创产品展示售卖区，可以为消费者提供更加全面的服务。消费者可以在欣赏文化演出或游览景区的同时，享受美食、休息放松，还可以购买到具有当地特色的文创产品。这种一站式的消费体验可以增强消费者的满意度和黏性，促进消费的增长。

### (四)引导广泛应用互联网售票、二维码验票

在现代科技的推动下，互联网售票和二维码验票已成为提升消费者购票和入场效率的重要手段。特别是在演出、文化娱乐、景区景点等人员流动密集的场所，引导广泛应用这两种技术，能够极大地改善消费者的体验。

互联网售票的普及，使得消费者无需亲自前往售票点或排队购票。只需通过手机、电脑或其他终端设备，随时随地都能轻松购买到心仪的门票或演出票。这种购票方式不仅节省了消费者的时间和精力，还避免了因现场售票造成的拥挤和混乱。而二维码验票的推广，则进一步简化了入场流程。消费者在购买门票后，会收到一个包含二维码的电子凭证。入场时，只需出示此二维码，通过扫描设备即可快速验票并放行。相比传

统的纸质票据验票方式，二维码验票更加高效、便捷，且不易丢失或损坏。这种智能化的服务模式不仅提升了消费者的购票和入场效率，还降低了现场管理的难度和成本。特别是在大型活动或旅游高峰期，通过互联网售票和二维码验票，可以显著减少排队等待时间和现场混乱，使消费者的观演或游览体验更加顺畅和愉快。因此，要大力推广互联网售票和二维码验票在演出、文化娱乐、景区景点等场所的应用，让更多消费者享受到科技带来的便捷和舒适。同时，也需要不断完善和优化相关技术和服务，确保消费者的权益和安全得到保障。

### （五）提升文旅消费场所的通信网络覆盖水平

为了满足现代消费者对于高速、稳定网络连接的需求，提升文旅消费场所的通信网络覆盖水平显得尤为重要。特别是在当前5G网络快速发展的背景下，加强宽带移动通信网络的部署和应用，已成为提升消费者体验的关键环节。通过提升网络覆盖水平，消费者在文旅消费场所将能够享受到更快速、更稳定的网络连接。无论是在景区内游览、在博物馆内参观展览，还是在文化娱乐场所享受休闲时光，消费者都可以随时随地上网浏览、下载和分享内容，无需担心网络延迟或断连的问题。

这种高速、稳定的网络连接将为消费者提供更加便捷的信息化服务。例如，消费者可以通过手机或平板电脑等终端设备，实时查询旅游景点的详细信息、预订门票和酒店、了解当地的文化特色和美食推荐等。同时，他们还可以将精彩的瞬间拍摄下来，通过社交媒体与亲朋好友分享，让更多的人感受到文旅的魅力。

此外，提升通信网络覆盖水平还将有助于推动文旅产业的数字化转型。借助高速网络连接，文旅企业可以更加便捷地推广自己的产品和服务，拓展市场份额。同时，他们还可以利用大数据、云计算等先进技术，对消费者的需求和偏好进行深入分析，为消费者提供更加个性化、精准的服务。

提升文旅消费场所的通信网络覆盖水平对于满足消费者需求、推动产业发展具有重要意义。要加强宽带移动通信网络的部署和应用，为消费者提供更快速、更稳定的网络连接，让人们在文旅消费场所享受到更加便捷、愉悦的体验。

### (六)优化旅游交通服务

优化旅游交通服务是提升旅游体验的重要环节，它涉及消费者从出发地到目的地的整个行程。通过科学规划线路和合理设置站点，为消费者提供更加直接、便捷的交通路径，减少不必要的绕行和等待时间。同时，结合智能化出行信息服务，消费者可以实时获取交通状况、车辆班次、预计到达时间等关键信息，从而做出更加明智的出行决策。

智能化出行信息服务的推广和应用，不仅可以帮助消费者规避交通拥堵和延误，还能为他们提供更加个性化的出行建议。基于消费者的出行偏好、目的地选择和实时交通数据，智能系统可以为他们推荐最优的出行方式和路线，包括公共交通、租车、共享单车等多种选择。这将极大地提高消费者的出行灵活性和便利性，降低出行成本和时间消耗。此外，优化旅游交通服务还需要注重站点设置的合理性和舒适性。在旅游景点、酒店、商业中心等关键节点设置便捷的交通站点，配备完善的候车设施和服务，可以让消费者在等待和换乘过程中感受到更加舒适和便捷的体验。同时，通过提供多语种的交通信息和服务，还可以吸引更多国际游客，提升旅游目的地的国际竞争力。

## 三、着力丰富产品供给

### (一)积极拓展文化消费广度和深度

通过发掘中华文化的宝贵资源，利用新技术创新文化消费产品和模式，可以进一步拓展文化消费的广度和深度。这不仅可以满足消费者对于多样化文化产品的需求，还可以促进文化产业的发展和经济增长。对于文旅消费而言，积极拓展文化消费的广度和深度是促进消费增长的重要途径之一。中华文化具有悠久的历史和丰富的内涵，通过发掘中华文化的宝贵资源，利用新技术创新文化消费产品和模式，可以推出更多具有特色和吸引力的文化产品和服务。这不仅可以满足消费者对于多样化文化产品的需求，还可以推动文化产业的发展和经济增长。

### (二)打造中小型、主题性、特色类的文旅演艺产品

中小型、主题性和特色类的文旅演艺产品能够更好地满足消费者的个性化需求。这些演艺产品可以结合当地的文化特色和旅游资源，提供更加丰富和有深度的文化体验。通过创新的内容和形式，吸引更多的观众，促进文旅消费的增长。对于文旅消费而言，中小型、主题性、特色类的文旅演艺产品可以满足消费者对于深度文化体验的需求。在当今旅游市场中，消费者更加注重个性化、特色化的旅游体验，他们希望通过参与和体验来深入了解当地的文化和风土人情。因此，鼓励打造中小型、主题性、特色类的文旅演艺产品，可以为消费者提供更加丰富和有深度的文化体验，促进文旅消费的增长。

### (三)引导文旅场所增加参与式、体验式消费项目

参与式和体验式消费项目能够让消费者更加深入地了解和体验当地的文旅资源。通过引导文旅场所增加这些项目，可以提高消费者的参与度和满意度，促进消费的增长。对于文旅消费而言，引导文旅场所增加参与式、体验式消费项目是促进消费增长的重要途径。参与式和体验式消费项目可以让消费者更加深入地了解当地的文化和风土人情，增强旅游的互动性和趣味性。通过引导文旅场所增加这些项目，可以提高消费者的参与度和满意度，增强消费者对于当地文旅资源的认同感和归属感，从而促进文旅消费的增长。

### (四)鼓励文创产品开发与经营

文创产品是文旅消费的重要组成部分，具有较高的附加值和市场潜力。通过鼓励开发和经营文创产品，可以促进文旅消费的增长，同时也有助于推动文化产业的发展和创新。对于文旅消费而言，鼓励文创产品开发与经营，可以进一步丰富文旅消费的内涵和形式。文创产品不仅是旅游纪念品的重要组成部分，也是展示当地文化和特色的重要载体。通过鼓励开发和经营文创产品，可以推出更多具有创意和特色的文创产品，满

足消费者的多样化需求，促进文旅消费的增长。同时，文创产品开发与经营也有助于推动文化产业的发展和创新，提升文化产业的竞争力和附加值。

### （五）培育一批美丽休闲乡村

美丽休闲乡村是指具备优美的自然风光、独特的民俗文化和良好的生态环境等条件的乡村地区。通过培育一批美丽休闲乡村，可以提升乡村地区的吸引力和竞争力，促进乡村经济的发展和文化传承。

对于文旅消费而言，培育一批美丽休闲乡村可以进一步丰富其内涵和形式。美丽休闲乡村不仅拥有优美的自然风光和独特的民俗文化，还可以提供各种休闲娱乐活动和文化体验项目。通过培育一批美丽休闲乡村，可以打造具有地方特色的旅游品牌和形象，吸引更多游客前来体验和消费。这不仅可以促进旅游业的发展，还可以带动农村经济的转型升级和发展，提升乡村地区的经济和文化价值。

# 第八章 案例分析

## 第一节 呼伦贝尔市文化产业与旅游产业耦合协调度分析

旅游快速发展的当今时代，文化是旅游的“灵魂”，挖掘文化才能提升旅游内涵，而文化依托旅游体现价值是最好的途径。近些年，呼伦贝尔市文化产业和旅游产业发展较快，但两大产业融合度较低，旅游产品文化内涵挖掘不深、品位不足，文化创意产品不丰富，文化旅游景区之间关联度不高。因此，如何促进文化产业与旅游产业的融合发展，成为呼伦贝尔市文化旅游产业发展亟待解决的重要课题。国外学者对文旅融合的研究主要包括：旅游对文化传统的影响①、文化对旅游业作用②、文化旅游的需求③、文化旅游业的融合过程④、遗产旅游⑤等研究。国内学者对文旅融合的研究表现为对两者互动发展，对融合模式、机制、路径与对策等方面进行定性分析；对文旅产业耦合进行了定量分析。哈斯花尔(2013)以呼和

---

① SMITH V. Hosts and guests: The anthropology of tourism[M]. 2nd ed. Philadelphia: University of Pennsylvania Press, 1989.

② AOYAMA Y. The role of consumption and globalization in a cultural industry: The case of Flamenco[J]. Geoforum, 2007(1): 104－113.

③ BOURDIEU P, DARBEL A SCHNAPPER D. The love of art: Europe and art museums and their public[M]. Cambridge: Polity Press, 1991.

④ L MORALES CANO, A MYSYK. Cultural tourism, the state, and day of the dead[J]. Annals of Tourism Research, 2004(4): 879－898.

⑤ APOSTOLAKIS A. The convergence process in heritage tourism[J]. Annals of Tourism Research, 2008(4): 795－812.

浩特玉泉区为研究对象，尝试探讨文旅融合的有效路径[①]。荷叶等(2015)认为应该采取加快文化产业市场化改革、大力支持文化旅游发展以及加强政府产业规划和市场监管等有效措施推动内蒙古文化产业与旅游融合发展[②]。目前，学术界对文化产业与旅游产业互动共生的理论研究比较关注，学者们均提出应努力推动文旅融合，从而促进地方经济社会发展。侧重在某一具体产业与旅游产业融合的实践研究也已经大量开展，主要集中在融合的动因、模式、机理、路径和对策等方面，而结合具体实例对边疆少数民族地区文化产业与旅游产业耦合协调发展研究比较少见。有鉴于此，本文以位于西部边疆少数民族地区的内蒙古呼伦贝尔市为实证研究对象，对呼伦贝尔市两大产业耦合协调发展进行定量分析，以期为呼伦贝尔文化旅游产业发展决策提供参考。

## 一、研究区概况

呼伦贝尔市地处东经115°31′～126°04′，北纬47°05′～53°20′之间，总面积25.28×104km²，占内蒙古自治区面积的21.4%，相当于山东、江苏两省面积的总和。呼伦贝尔市历史悠久，民族众多，文化多元，特色显著，优势明显。近些年，呼伦贝尔市不断挖掘优势和潜力，创新旅游产品体系，将历史文化和民俗资源整合为呼伦贝尔的文化特质，在很大程度上促进了文化产业和旅游产业耦合协调发展。

2016年呼伦贝尔市有各类文化机构1035个，从业人员数为4218人，公共图书馆15个，艺术表演团体13个，非物质文化遗产保护机构12个，文物保护机构34个，博物馆19个，群众艺术馆、文化馆134个，艺术表演场馆2个，2016年呼伦贝尔市文化产业增加值占地区GDP的比重

① 哈斯花尔.多元文化下呼和浩特玉泉区旅游产业与文化产业融合发展研究[D].西安：长安大学，2013.

② 荷叶，张森林.内蒙古文化产业与旅游融合发展研究[J].内蒙古社会科学(汉文版)2015(5)：191－196.

为1.02%。2016年呼伦贝尔市共接待国内外旅游者1553.62万人次，其中，入境旅游者67.29万人次，旅游业总收入527.73亿元，入境旅游收入4.51亿美元，全市有旅行社291家，国家A级旅游景区50家，星级饭店53家。

## 二、研究方法

### （一）构建指标体系

本文考虑科学性、数据可得性以及数据准确性，借鉴已有的评价指标体系以及相关文献和资料，构建呼伦贝尔市两大产业发展水平评价指标。

### （二）熵值法

（1）数据标准化处理。假设呼伦贝尔市第i年第j个指标值为$x_{ij}$，据此假定该指标的最大值为$x_{max}$、最小值分别为$x_{min}$，为了避免熵值计算过程中对数据计算无意义情况，还需对数据进行非负化处理（借鉴相关研究成果，统一加0.01），处理后可得$x_{ij}$。具体公式如下[①]：

$$x'_{ij}=(x_{ij}-x_{min})/(x_{max}-x_{min})+0.01 \quad (8-1)$$

其中：i=1，2…m，m表示年份次序；j=1，2…n，n表示指标个数；$x_{ij}$为标准化值。$x_{max}$、$x_{min}$分别为指标$x_{ij}$的最大值和最小值。

（2）指标权重确定。具体公式如下：

$$S_{ij}=X'_{ij}/\sum_{i=1}^{m}X'_{ij} \quad (8-2)$$

$$h_j=\frac{1}{1nm}\sum_{i=1}^{m}S_{ij}1nS_{ij} \quad (8-3)$$

① 侯兵，周晓倩．长三角地区文化产业与旅游产业融合态势测度与评价[J]．经济地理，2015（11）：211－217．

$$\alpha_j = 1 - h_j \tag{8-4}$$

$$W_j = \alpha_j / \sum_{j=1}^{n} \alpha_j \tag{8-5}$$

其中：$S_{ij}$ 为呼伦贝尔市第 i 年第 j 个指标的比重，m、n 为指标个数，$x_{ij}$ 为标准化值，$h_j$ 为第 j 个指标的熵值，$\alpha_j$ 为第 j 个指标的差异系数，$W_j$ 为第 j 个指标的权重。

(3)产业发展水平测度。采用加权法测度呼伦贝尔市文化产业发展水平指数、旅游产业发展水平指数 $u_i$①：

$$u_i = W_j \sum_{j=1}^{n} X'_{ij} \tag{8-6}$$

其中：$u_i$ 为呼伦贝尔市两大产业发展水平指数，j 为指标个数(j=1，2…n)，$x_{ij}$ 为标准化值。

## (三)耦合协调度评价模型

借鉴相关研究成果，构建耦合度模型和耦合协调度模型。如下②：

$$C = \sqrt{u_1 \times u_1 / (u_1 + u_2)^2} \tag{8-7}$$

$$T = \alpha u_1 + \beta u_2 \tag{8-8}$$

$$D(u_1, u_2) = \sqrt{C \times T} \tag{8-9}$$

① 高靓，张杜鹃.晋陕豫黄河金三角区旅游产业综合竞争力评价[J].山西师范大学学报(自然科学版)，2019(2)：63－67.

② 范红艳，薛宝琪.河南省旅游产业与文化产业耦合协调度研究[J].地域研究与开发，2016(4)：104－109.

其中:C 为耦合度;T 为综合协调指数;D 为耦合协调度;$u_1$ 为文化产业发展水平指数,$u_2$ 为旅游产业发展水平指数;α 和 β 为待定系数,考虑到两大产业对呼伦贝尔市国民经济发展的重要性一样,故 α 和 β 均取 0.5①。

本文借鉴相关成果,对产业系统耦合协调度等级进行划分见表 8—1。

表 8—1　耦合协调度等级划分标准

| 协调度 D | 协调等级 | 大类 | 协调度 D | 协调等级 | 大类 |
|---|---|---|---|---|---|
| 0.000　0—0.10 | 极度失调 | 失调衰退类 | 0.500　1—0.60 | 勉强协调 | 过渡类 |
| 0.100　1—0.20 | 严重失调 | 失调衰退类 | 0.600　1—0.70 | 初级协调 | 协调发展类 |
| 0.200　1—0.30 | 中度失调 | 失调衰退类 | 0.700　1—0.80 | 中级协调 | 协调发展类 |
| 0.300　1—0.30 | 轻度失调 | 失调衰退类 | 0.800　1—0.90 | 良好协调 | 协调发展类 |
| 0.400　1—0.50 | 濒临失调 | 过渡类 | 0.900　1—1.00 | 优质协调 | 协调发展类 |

## 三、数据处理与结果分析

### (一)数据来源与数据处理

文中数据由 2012—2016 年《内蒙古文化产业统计资料》、2013—2017 年《呼伦贝尔统计年鉴》和呼伦贝尔市国民经济和社会发展统计公报获取,部分缺失数据由呼伦贝尔市相关官方网站得到。

通过公式(8—1)对已经获取到的数据进行标准化,然后代入公式(8—2)～(8—5)计算权重见表 8—2,最后利用公式(8—6)～(8—9)计算得到呼伦贝尔市文化产业发展水平指数 $u_1$、旅游产业发展水平指数 $u_2$ 和耦合协调度 D 见表 8—3。

① 暴向平,张利平,庞燕,等.乌兰察布市文化产业与旅游产业耦合协调度分析[J].西北师范大学学报(自然科学版),2019(1):115—120.

表 8－2 呼伦贝尔市文化产业与旅游产业发展水平评价指标及权重

| 产业类型 | 一级指标 | 二级指标 | 指标类型 | 指标权重 |
|---|---|---|---|---|
| 文化产业系统 $u_1$ | | 文化产业营业收入（千元） | 正向（+） | 0.1184 |
| | | 文化产业法人单位数（个） | 正向（+） | 0.0265 |
| | 文化产业规模总量 0.3526 | 地区文化产业增加值占第三产业的比重（%） | 正向（+） | 0.0354 |
| | | 艺术表演场馆数（个） | 正向（+） | 0.1522 |
| | | 图书馆、博物馆数（个） | 正向（+） | 0.0130 |
| | | 人均图书总藏量（册） | 正向（+） | 0.0020 |
| | | 人均文物藏品数（件） | 正向（+） | 0.0051 |
| | 文化产业创新能力 0.4210 | 文物业机构平均拥有高级职称人数（人） | 正向（+） | 0.2247 |
| | | 文化部门教育机构平均拥有高级职称人数（人） | 正向（+） | 0.0102 |
| | | 文化艺术科技科研机构数（个） | 正向（+） | 0.1862 |
| | 文化产业发展潜力 0.0150 | 文化产业增加值增长率（%） | 正向（+） | 0.0088 |
| | | 文化产业投资增长率（%） | 正向（+） | 0.0062 |
| | 文化产业市场需求 0.0350 | 人均可支配收入（元） | 正向（+） | 0.0107 |
| | | 人均文化消费支出（元） | 正向（+） | 0.0243 |
| | 文化产业投资水平 0.1764 | 文化事业基建投资占总投资的比重（%） | 正向（+） | 0.0668 |
| | | 文化事业费占财政支出的比重（%） | 正向（+） | 0.1096 |
| 旅游产业系统 $u_2$ | 旅游资源竞争力 0.2370 | 4A 级以上旅游景区总数（个） | 正向（+） | 0.0521 |
| | | 国家重点文物保护单位数（个） | 正向（+） | 0.1848 |
| | 旅游接待能力 0.0382 | 3 星级以上饭店数（个） | 正向（+） | 0.0097 |
| | | 旅行社总数（个） | 正向（+） | 0.0285 |
| | | 入境旅游人数（万人次） | 正向（+） | 0.0099 |
| | | 旅游外汇收入（万美元） | 正向（+） | 0.0177 |
| | 旅游产业竞争力 0.5095 | 国内旅游人数（万人次） | 正向（+） | 0.0436 |
| | | 国内旅游收入（亿元） | 正向（+） | 0.2973 |
| | | 旅游总收入占 GDP 的比重（%） | 正向（+） | 0.1411 |
| | | GDP 总值（亿元） | 正向（+） | 0.0117 |
| | 旅游社会支持力 0.2153 | 第三产业增加值（亿元） | 正向（+） | 0.0400 |
| | | 固定资产投资额（亿元） | 正向（+） | 0.0173 |
| | | 客运周转量（万人 km） | 正向（+） | 0.1463 |

## (二)结果分析

### 1. 呼伦贝尔市文化产业与旅游产业发展水平的时序变化

依上述方法可得 2012—2016 年呼伦贝尔市文化产业发展水平指数 $u_1$ 和旅游产业水平指数 $u_2$ 见表 8－3，通过计算发现两者的相关系数达到了 0.9962，说明两者之间存在着耦合互动发展关系。从表 8－3 和图 8－1 可知，2012—2016 年呼伦贝尔市文化产业发展水平有大幅度提升，2016 年较 2012 年增长了 2.9 倍，年均增长率为 21.64%，由于起点较低导致其整体水平仍然较低；2012—2016 年旅游产业发展水平也有大幅度提升，2012 年为历年最低值 0.1386，2016 年达到 0.2894 的最高值，较 2012 年增长了 2.10 倍。年均增长率为 20.41％。

表 8—3　2012—2016 年呼伦贝尔市文化产业与旅游产业耦合评价值及类型

| 年份 | $u_1$ | $u_2$ | 滞后类型 | C | D | 协调类型 |
|---|---|---|---|---|---|---|
| 2012 | 0.1322 | 0.1386 | 文化产业滞后 | 0.4999 | 0.2601 | 严重失调 |
| 2013 | 0.1574 | 0.1594 | 文化产业滞后 | 0.5000 | 0.2815 | 中度失调 |
| 2014 | 0.1779 | 0.1937 | 文化产业滞后 | 0.4995 | 0.3046 | 中度失调 |
| 2015 | 0.2331 | 0.2380 | 文化产业滞后 | 0.5000 | 0.3432 | 轻度失调 |
| 2016 | 0.2894 | 0.2913 | 文化产业滞后 | 0.5000 | 0.3810 | 轻度失调 |

### 2. 呼伦贝尔市文化产业与旅游产业耦合协调度分析

呼伦贝尔市两大产业耦合协调度由 2012 年的 0.2601 增长到 2016 年的 0.3810，增长了 1.47 倍，年均增长率为 10.01％，呈不断上升趋势，仍然处于失调状态，但有逐渐向协调发展阶段转变的趋势，2015 年开始进入轻度失调阶段，较 2000 增长了 1.32 倍。

依据表 8—1 可知呼伦贝尔市两大产业系统耦合协调等级见表 8—3。2012—2016 年两大产业耦合协调等级较低，如图 8—1 所示。均呈现为失调状态。呼伦贝尔市旅游产业发展水平稍高于文化产业发展水平，表明文化产业发展状态不够良好阻碍了旅游产业的进一步发展，文化产业发展并没有为旅游产业发展提供有力支撑，在今后发展过程中应积极融入呼伦贝尔地域文化元素。

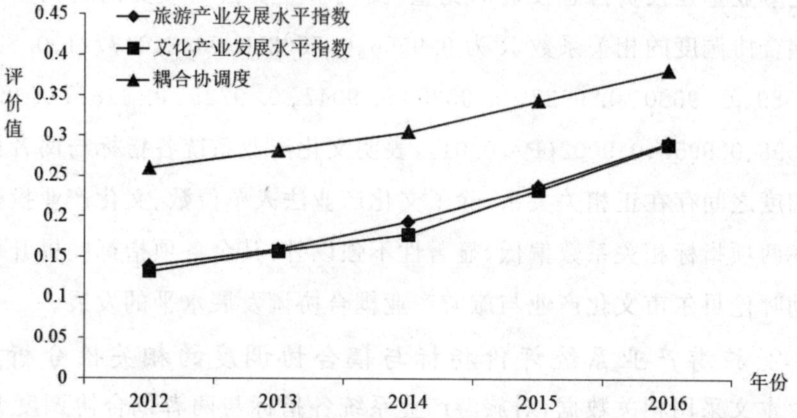


图 8—1　2000—2016 年呼伦贝尔市文化产业与旅游产业发展水平及耦合协调度

依据前人文献①，进一步将文化产业与旅游产业耦合协调度细分：将>、=、<时，分别表示为旅游产业滞后型、两者同步发展型和文化产业滞后型。进而可知滞后类型见表 8—3。从表 8—3 和图 8—1 可知，近 5 年来全部为<，可见类型均为文化产业滞后型。

## 四、呼伦贝尔市文化产业与旅游产业耦合协调度的影响因素分析

### (一)静态分析

#### 1. 文化产业系统评价指标与耦合协调度的相关性分析

本文采用相关数据，对文化产业系统各指标与两者耦合协调度 D 相关性分析发现：文化产业营业收入、文化产业法人单位数、地区文化产业增加值占第三产业的比重、艺术表演场馆数、图书馆、博物馆数、人均图书总藏量、人均文物藏品数、文物业机构平均拥有高级职称人数、文化部门教育机构平均拥有高级职称人数、文化艺术科技科研机构数、文化产业增加值增长率、文化产业投资增长率、人均可支配收入、人均文化消费支出、

① 张琰飞，朱海英. 西南地区文化产业与旅游产业耦合协调度实证研究[J]. 地域研究与开发，2013(2)：16—21.

文化事业基建投资占总投资的比重、文化事业费占财政支出的比重与两者耦合协调度的相关系数 R 为 0.9556、0.5862、0.9862、0.7721、0.8816、0.9589、0.9680、0.9922、0.9535、0.9047、0.9725、0.4181、0.9916、0.9698、0.9957、0.9002（$P<0.01$），表明文化产业系统各指标与两者耦合协调度之间存在正相关关系，除了文化产业法人单位数、文化产业投资增长率两项指标相关系数偏低，显著性不强以外，其余各项指标的提升均会带动呼伦贝尔市文化产业与旅游产业耦合协调发展水平的发展。

2. 旅游产业系统评价指标与耦合协调度的相关性分析

本文采用相关数据，对旅游产业系统各指标与两者耦合协调度 D 相关性分析发现：4A 级以上旅游景区总数、国家重点文物保护单位数、3 星级以上饭店数、旅行社总数、入境旅游人数、旅游外汇收入、国内旅游人数、国内旅游收入、旅游总收入占 GDP 的比重、GDP 总值、第三产业增加值、固定资产投资额、客运周转量与两者耦合协调度的相关系数 R 为 0.8999、0.9436、0.9801、0.9831、0.9721、0.6122、0.9923、0.9975、0.9941、0.9497、0.9838、0.9742、0.8651（$P<0.01$），表明旅游产业系统各指标与两者耦合协调度存在正向关联性，除了旅游外汇收入指标相关系数偏低，显著性不强以外，其余各项指标的提升均会带动呼伦贝尔市文化产业与旅游产业耦合协调发展水平的发展。

（二）动态分析

基于以上分析可知，呼伦贝尔市文化产业与旅游产业耦合协调度受到诸多因素的作用，为了进一步分析上述因素对呼伦贝尔市文化产业与旅游产业耦合协调度的作用强度，利用 2012—2016 年呼伦贝尔市相关数据建立计量模型。选取文化产业与旅游产业耦合协调度（Y）作为因变量，综合反映两大产业耦合协调发展水平，分别选择两大产业子系统中评价指标作为解释变量。建立多元回归模型如下：

$$\ln(Y)=a_0+a_1\ln(X_1)+a_2\ln(X_2)+LLa_n\ln((X_n)+\varepsilon \quad (8-10)$$

其中，$a_0$ 为常数项，$a_1$、$a_2$、$LLa_n$ 为相应的回归系数，$\varepsilon$ 为随机扰动项。

1. 文化产业系统评价指标与耦合协调度的动态分析

利用 Eviews7.2 软件进行回归分析，可得回归模型如下：

$$\ln(Y)=0.054+0.188\ln X_1+0.061\ln X_2+0.313\ln X_3+0.080\ln X_4+0.044\ln X_5+0.177\ln X_6+0.260\ln X_7+0.177\ln X_8+0.205\ln X_9-0.224\ln X_{10}+0.179X_{11}+0.030\ln X_{12}+0.270\ln X_{13}+0.121\ln X_{14}+0.996\ln X_{15}+0.049\ln X_{16} \quad (8-11)$$

从公式(8—11)可知，呼伦贝尔市文化产业系统各项评价指标影响耦合协调度由强到弱的顺序为：文化事业基建投资占总投资的比重($X_{15}$)〉地区文化产业增加值占第三产业的比重($X_3$)〉人均可支配收入($X_{13}$)〉人均文物藏品数($X_7$)〉文化部门教育机构平均拥有高级职称人数($X_9$)〉文化产业营业收入($X_1$)〉文化产业增加值增长率($X_{11}$)〉人均图书总藏量($X_6$)＝文物业机构平均拥有高级职称人数($X_8$)〉人均文化消费支出($X_{14}$)〉艺术表演场馆数($X_4$)〉文化产业法人单位数($X_2$)〉文化事业费占财政支出($X_{16}$)〉图书馆、博物馆数($X_5$)〉文化产业投资增长率($X_{12}$)〉文化艺术科技科研机构数($X_{10}$)，可比系数 $R_2$ 为 0.9910，调整后的 $R_2$ 为 0.9890，F 值为 345.567，P 值为 0.000，DW 值为 2.691，在显著性水平 $\alpha=0.05$ 下通过检验。表明文化事业基建投资占总投资的比重是文化产业系统推动两者耦合协调度提升的最主要驱动因素，未来呼伦贝尔市应继续加大对文化事业基建投资，进而快速提高文化产业增加值。

2. 旅游产业系统评价指标与耦合协调度的动态分析

利用 Eviews7.2 软件进行回归分析，可得回归模型如下：

$$\ln(Y)=0.037-0.001\ln X_{17}+0.149\ln X_{18}-0.036\ln X_{19}+0.276\ln X_{20}-0.007\ln X_{21}+0.007\ln X_{22}-0.027\ln X_{23}+0.997\ln X_{24}-1.205\ln X_{25}-0.177\ln X_{26}+0.112X_{27}+0.058\ln X_{28}-0.159\ln X_{29} \quad (8-12)$$

从公式(8—12)可知，呼伦贝尔市文化产业系统各项评价指标影响耦合协调度由强到弱的顺序为：国内旅游收入($X_{24}$)〉旅行社总数($X_{20}$)〉国家重点文物保护单位数($X_{18}$)〉第三产业增加值($X_{27}$)〉固定资产投资额($X_{28}$)〉旅游外汇收入($X_{22}$)＞4A级以上旅游景区总数($X_{17}$)〉入境旅游人数($X_{21}$)〉国内旅游人数($X_{23}$)＞3星级以上饭店数($X_{19}$)〉客运周转量($X_{29}$)〉GDP总值($X_{26}$)〉旅游总收入占GDP的比重($X_{25}$),可比系数$R_2$为0.9950,调整后的R2为0.9930,F值为581.419,P值为0.000,DW值为2.648,在显著性水平$\alpha=0.05$下通过检验。表明国内旅游收入是旅游产业系统推动两者耦合协调度提升的最主要驱动因素,未来呼伦贝尔市应继续加快发展国内旅游,不断增加国内旅游收入,进而快速实现旅游产业提质增效。

## 五、呼伦贝尔市文化产业与旅游产业耦合协调发展的对策建议

呼伦贝尔市不仅拥有辽阔的草原、壮美的自然风光,还承载着丰富的民族文化和历史遗迹。在全球化与现代化的双重背景下,如何将文化产业与旅游产业紧密结合,实现两者的耦合协调发展,已成为呼伦贝尔市面临的重要课题。本文旨在深入探讨这一议题,并提出切实可行的对策建议。

### (一)文化资源整合与开发利用

系统挖掘与整理文化资源。呼伦贝尔市应组织专家学者和地方文化工作者,对境内的民族风情、历史遗迹、自然景观等文化资源进行全面、深入的挖掘和整理。通过建立详细的文化资源数据库,为后续的开发利用提供坚实的资料基础。

强化文旅融合,提升产品附加值。在旅游产品的开发和推广中,应更加注重文化元素的融入。例如,在旅游线路规划中,可以穿插当地的历史传说、民俗表演等文化体验活动;在景区建设中,可以结合当地的文化特色,打造主题景区或文化体验区;在旅游服务中,可以提供具有地方特色的餐饮、住宿等服务,让游客在享受美景的同时,也能深入体验当地的文化魅力。通过这种方式,不仅可以提升旅游产品的文化附加值,还能有效促进文化产业与旅游产业的深度融合。

创新开发利用模式,引入市场机制。在文化资源的开发利用上,呼伦

贝尔市应打破传统观念的束缚,积极探索市场化的运作模式。通过引入社会资本和专业团队,共同开发具有市场竞争力的文旅产品。同时,还可以尝试与国内外知名的文旅企业建立合作关系,引进先进的管理经验和运营模式,推动文化产业与旅游产业的快速发展。

(二)提升旅游产业文化内涵与品质

提升旅游产业的文化内涵和品质,首先要从从业人员抓起。呼伦贝尔市应加大对旅游从业人员的培训力度,定期组织文化、历史、旅游等方面的专业知识培训,提高从业人员的文化素养和服务水平。通过他们的专业服务,将呼伦贝尔市的文化魅力更好地呈现给游客。

打造特色文旅产品。针对不同的游客群体,呼伦贝尔市应打造一批具有文化内涵和特色的旅游精品线路和景区。例如,可以推出以民族文化为主题的深度体验游、以历史遗迹为重点的研学游等特色产品。通过这些产品的推广,让游客在游览美景的同时,也能深入了解和体验呼伦贝尔市的文化特色。

运用现代科技手段创新体验模式。随着科技的不断发展,虚拟现实、增强现实等现代科技手段为旅游产品的创新提供了无限可能。呼伦贝尔市应积极运用这些技术手段,创新旅游产品的展示方式和游客体验模式。例如,可以在景区内设置 VR 体验区,让游客通过虚拟现实技术身临其境地感受草原的壮美风光;或者开发 AR 导览应用,通过手机即可实时了解景点的历史文化和背景故事。通过这些创新手段的运用,不仅可以增强旅游产品的吸引力和竞争力,还能为游客提供更加丰富多样的旅游体验。

(三)完善政策保障体系

制定融合发展政策。为了推动文化产业与旅游产业的深度融合发展,呼伦贝尔市应制定一系列针对性的政策法规。这些政策应明确产业融合发展的目标、任务和保障措施,为两大产业的协同发展提供有力的政策支撑。

加大财政投入与扶持力度。在资金扶持方面,呼伦贝尔市应加大对文化产业与旅游产业的财政投入力度。通过设立专项资金、提供税收优惠等措施,支持两大产业的重点项目建设和企业发展。同时,还应积极引导社会资本进入文旅领域,形成多元化的投融资格局。

加强部门间协调合作。推动文化产业与旅游产业的融合发展,需要政府各部门之间的密切配合和协作。呼伦贝尔市应建立健全部门间的沟通协调机制,定期召开联席会议,共同研究解决产业发展中遇到的重大问题。通过形成强大的工作合力,推动两大产业实现更高水平的耦合协调发展。

### 六、结论探讨

(1)呼伦贝尔市文化产业和旅游产业发展水平不高,文化产业与旅游产业耦合协调度等级较低,总体来看处于失调衰退状态;从耦合类型来看,属于文化产业滞后型。

(2)与前人研究对比来看,虽然研究方法不完全一致,但与中国西部地区文旅融合发展以及内蒙古文旅融合发展的研究结论,在一定程度上具有高度的一致性。

(3)呼伦贝尔市应认识到促进文旅融合对地方经济发展的重大意义,应从推进文化企业与旅游企业合作、政府部门构建多角支持体系、引导消费者形成多元化的文化旅游产品需求等方面入手,共同推进呼伦贝尔市文化产业与旅游产业耦合协调发展。

(4)鉴于文化产业数据搜集较为困难,文中仅分析了特定时间段的两大产业耦合协调度,我们还可利用统计数据、访谈数据和问卷调查数据等研究数据进行定性与定量相结合分析,从而可对呼伦贝尔市文化产业与旅游产业融合发展趋势做出准确判断。

## 第二节　乌兰察布市文化产业与旅游产业耦合协调度分析

内蒙古自治区人民政府在 2017 年 11 月出台了《关于推进自治区文化旅游融合发展的实施意见》,提出利用文化提高旅游内涵,借助旅游推动文化兴旺,进而加速促进文旅融合发展。近些年,乌兰察布市旅游产业和文化产业都有长足发展,但目前旅游产业与文化产业的融合度不高,旅游产品文化内涵挖掘不深、品位不足，尤其是文化创意产品方面更加欠缺，文化旅游产业核心竞争力弱，文化旅游景区之间关联度不高，文化创意业态发展不够。因此，如何促进旅游产业与文化产业的融合发展，成为乌兰察布市文化旅游产业发展亟待解决的重要课题。国外学者对文化产业与旅游产业融合的研究主要体现在以下几个方面：旅游对文化传统的影响[1]、文化对旅游业作用[2]、文化旅游的需求[3]、文化旅游业的融合过程[4]、遗产旅游[5]等研究。国内学者对文化产业与旅游产业融合的研究主要体现在对二者互动发展，对融合模式、机制、路径与对策等方面进行定性分析；鲍洪杰等[6]、张琰飞等[7]、侯兵等[8]、范红艳等[9]、翁钢民等[10]运用耦合协调度模型对文化产业与旅游产业的耦合进行了定量研究。学者们均提出文化产业和旅游产业具备融合发展的内在特征，应积极促进文旅融合，进而带动区域经济发展。但是目前对边疆少数民族地区借助定量与定性结合方法进行实证研究的成果偏少。有鉴于此，本文以位于西部边疆少数民族地区的内蒙古乌兰察布市为例，基于相关统计数据对乌兰察布市文化产业与旅游产业融合展开研究，以期为促进文旅融合、协调发展

---

① SMITH V. Hosts and guests: The anthropology of tourism[M]. 2nd ed. Philadelphia: University of Pennsylvania Press, 1989.

② AOYAMA Y. The role of consumption and globalization in a cultural industry: The case of Flamenco[J]. Geoforum, 2007(1): 103.

③ BOURDIEU P, DARBEL A, SCHNAPPER D. The love of art: Europe and art museums and their public[M]. Cambridge: Polity Press, 1991.

④ L MORALES CANO, A MYSYK. Cultural tourism, the state, , and day of the dead[J]. Annals of Tourism Research, 2004(4): 879.

⑤ APOSTOLAKIS A. The convergence process in heritage tourism[J]. Annals of Tourism Research, 2008(4): 795.

⑥ 鲍洪杰，王生鹏. 文化产业与旅游产业的耦合分析[J]. 工业技术经济，2010(8)：74.

⑦ 张琰飞，朱海英. 西南地区文化产业与旅游产业耦合协调度实证研究[J]. 地域研究与开发，2013(2)：16.

⑧ 侯兵，周晓倩. 长三角地区文化产业与旅游产业融合态势测度与评价[J]. 经济地理，2015(11)：211.

⑨ 范红艳，薛宝琪. 河南省旅游产业与文化产业耦合协调度研究[J]. 地域研究与开发，2016(4)：104.

⑩ 翁钢民，李凌雁. 中国旅游与文化产业融合发展的耦合协调度及空间相关分析[J]. 经济地理，2016(1)：178.

提供参考借鉴。

## 一、研究区概况

乌兰察布市位于内蒙古自治区中部，下辖 11 个旗县市区，辖 1 区、1 市、4 旗、5 县。乌兰察布市是察哈尔文化的发源地，也是游牧文化与农耕文化、草原文化与黄河文化交融发展之地，2016 年乌兰察布市有各类文化机构 694 个，各类不可移动文物遗址点 3071 处，文化市场经营场所 813 家，艺术表演场馆 6 个，艺术表演团体 28 个，公共图书馆 12 个，群众艺术馆、文化馆 127 个，文物保护机构 19 个，博物馆 8 个，文化产业从业人员数 3216 人，2016 年乌兰察布市文化产业营业收入 2306.19 万元，文化产业增加值占地区 GDP 的比重为 1.02%。2016 年乌兰察布市全年共接待境内外游客 1400.00 万人次，增长 18.30%。4A 级以上景区有 8 个，3 星级以上饭店有 10 个，旅行社有 38 家。旅游业总收入 120.00 亿元，增长 22.00%。2016 年共完成旅游投资 30.00 亿元，同比增长 40.00%。

注：数据主要来源于 2017 年《内蒙古统计年鉴》《乌兰察布统计年鉴》和 2016 年《内蒙古文化产业统计资料》、乌兰察布市国民经济和社会发展统计公报，部分缺失数据由乌兰察布市相关统计资料得到。

## 二、研究方法

### (一)指标体系构建

本文考虑科学性、数据可得性以及数据准确性，参考借鉴已有的评价指标体系，从文化产业规模总量、文化产业创新能力、文化产业发展潜力、文化产业市场需求和文化产业投资水平等 5 个方面构建乌兰察布市文化产业发展水平评价指标，共计 16 个细分指标见表 8-4。借鉴相关文献和资料，从旅游资源竞争力、旅游接待能力、旅游产业竞争力和旅游社会支持力等 4 个方面构建乌兰察布市旅游产业发展水平评价指标，共计 13 个细分指标见表 8-4。

表 8—4 乌兰察布市文化产业与旅游产业发展水平评价指标及权重

| 产业类型 | 一级指标 | 二级指标 | 指标类型 | 指标权重 |
|---|---|---|---|---|
| 文化产业发展水平指标 $u_1$ | 文化产业规模总量 0.3326 | 文化产业营业收入(千元) | 正向(+) | 0.2916 |
| | | 文化产业法人单位数(个) | 正向(+) | 0.0008 |
| | | 地区文化产业增加值占第三产业的比重(%) | 正向(+) | 0.0004 |
| | | 艺术表演场馆数(个) | 正向(+) | 0.0206 |
| | | 图书馆、博物馆数(个) | 正向(+) | 0.0125 |
| | | 人均图书总藏量(册) | 正向(+) | 0.0033 |
| | | 人均文物藏品数(件) | 正向(+) | 0.0034 |
| | 文化产业创新能力 0.0198 | 文物机构平均拥有高级职称人数(人) | 正向(+) | 0.0027 |
| | | 文化部门教育机构平均拥有高级职称人数(人) | 正向(+) | 0.0144 |
| | | 文化艺术科技科研机构数(个) | 正向(+) | 0.0027 |
| | 文化产业发展潜力 0.3690 | 文化产业增加值增长率(%) | 正向(+) | 0.0728 |
| | | 文化产业投资增长率(%) | 正向(+) | 0.2962 |
| | 文化产业市场需求 0.0131 | 人均可支配收入(元) | 正向(+) | 0.0102 |
| | | 人均文化消费支出(元) | 正向(+) | 0.0029 |
| | 文化产业投资水平 0.2654 | 文化事业基建投资占总投资的比重(%) | 正向(+) | 0.2242 |
| | | 文化事业费占财政支出的比重(%) | 正向(+) | 0.0412 |
| 旅游产业发展水平指标 $u_2$ | 旅游资源竞争力 0.3389 | 4A 级以上旅游景区总数(个) | 正向(+) | 0.1603 |
| | | 国家重点文物保护单位数(个) | 正向(+) | 0.1786 |
| | 旅游接待能力 0.0947 | 3 星级以上饭店数(个) | 正向(+) | 0.0918 |
| | | 旅行社总数(个) | 正向(+) | 0.0029 |
| | 旅游产业竞争力 0.4626 | 入境旅游人数(万人次) | 正向(+) | 0.0700 |
| | | 旅游外汇收入(万美元) | 正向(+) | 0.0096 |
| | | 国内旅游人数(万人次) | 正向(+) | 0.1417 |
| | | 国内旅游收入(亿元) | 正向(+) | 0.1442 |
| | | 旅游总收入占 GDP 的比重(%) | 正向(+) | 0.0971 |
| | 旅游社会支持能力 0.0972 | GDP 总值(亿元) | 正向(+) | 0.0065 |
| | | 第三产业增加值(亿元) | 正向(+) | 0.0358 |
| | | 固定资产投资额(亿元) | 正向(+) | 0.0182 |
| | | 客运周转量(万人 km) | 正向(+) | 0.0432 |

## (二)熵值法

(1)数据标准化处理。假设乌兰察布市第 i 年第 j 个指标值为 $x_{ij}$,并据此假定该指标的最大值为 $x_{max}$、最小值分别为 $x_{min}$,为了避免熵值计算过程中对数据计算无意义情况,还需对数据进行非负化处理(借鉴相关研究成果,统一加 0.01),处理后可得 $x'_{ij}$。计算公式如下:

$$x'_{ij}=(x_{ij}-x_{min})/(x_{max}-x_{min}) \tag{8-13}$$

其中:i=1,2…m,m 表示年份次序;j=1,2…n,n 表示指标个数;$x'_{ij}$ 为标准化值;$x_{max}$、$x_{min}$ 分别为指标 $x_{ij}$ 的最大值和最小值。

(2)指标权重确定。计算公式如下:

$$S_{ij}=x'_{ij}/\sum_{i=1}^{m}x'_{ij} \tag{8-14}$$

$$h_j=-\frac{1}{1nm}\sum_{i=1}^{m}S_{ij}1nS_{ij} \tag{8-15}$$

$$\alpha_j=1-h_j \tag{8-16}$$

$$w_j=\alpha_j/\sum_{j=1}^{n}\alpha_j \tag{8-17}$$

其中:$S_{ij}$ 为乌兰察布市第 i 年第 j 个指标的比重,m、n 为指标个数,$h_j$ 为第 j 个指标的熵值,$\alpha_j$ 为第 j 个指标的差异系数,$W_j$ 为第 j 个指标的权重。

(3)产业发展水平测度。利用加权法对乌兰察布市两大产业发展水平指数 $u_i$ 进行测算,计算公式如下[①]:

$$u_i=\sum_{j=1}^{n}w_jx'_{ij} \tag{8-18}$$

---

① 高楠,马耀峰,李天顺,等.基于耦合模型的旅游产业与城市化协调发展研究——以西安市为例[J].旅游学刊,2013(1):62.

其中：$u_i$ 为乌兰察布市两大产业发展水平指数，j 为指标个数（j=1，2…n）。

### （三）耦合协调度评价模型

借鉴相关研究成果，构建耦合度模型和耦合协调度模型。计算公式如下：

$$C=\sqrt{u_1 \times u_2/(u_1+u_2)^2} \tag{8-19}$$

$$T=\alpha u_1+\beta u_2 \tag{8-20}$$

$$D(u_1,u_2)=\sqrt{C \times T} \tag{8-21}$$

其中：C 为耦合度；T 为综合协调指数；D 为耦合协调度；$u_1$ 为文化产业发展水平指数，$u_2$ 为旅游产业发展水平指数，通过 $u_1$ 和 $u_2$ 分别测度两大产业发展水平；α 和 β 为待定系数，考虑到两大产业对乌兰察布市国民经济发展的重要性一样，故 α 和 β 均取 0.5。

本文借鉴相关成果，对产业系统耦合协调度等级进行划分见表 8—5。

表 8—5　耦合协调度等级划分标准

| 协调度 D | 协调等级 | 大类 | 协调度 D | 协调等级 | 大类 |
|---|---|---|---|---|---|
| 0.0000—0.10 | 极度失调 | 失调衰退类 | 0.5001—0.60 | 勉强协调 | 过渡类 |
| 0.1001—0.20 | 严重失调 | 失调衰退类 | 0.6001—0.70 | 初级协调 | 协调发展类 |
| 0.2001—0.30 | 中度失调 | 失调衰退类 | 0.7001—0.80 | 中级协调 | 协调发展类 |
| 0.3001—0.30 | 轻度失调 | 失调衰退类 | 0.8001—0.90 | 良好协调 | 协调发展类 |
| 0.4001—0.50 | 濒临失调 | 过渡类 | 0.9001—1.00 | 优质协调 | 协调发展类 |

## 三、数据处理与结果分析

### （一）数据处理

通过公式（8—13）对已经获取到的数据注：本文所用数据主要来源于 2013—2017 年《内蒙古统计年鉴》《乌兰察布统计年鉴》和 2012—2016 年

《内蒙古文化产业统计资料》、乌兰察布市国民经济和社会发展统计公报，部分缺失数据由乌兰察布市文化局、旅游发展委员会、统计局官方网站、乌兰察布市相关统计资料以及文章和报道等二手数据得到。进行标准化，然后代入公式(8－14)～(8－17)计算权重见表8－4，最后利用公式(8－18)～(8－21)计算得到乌兰察布市文化产业发展水平指数 $u_1$、旅游产业发展水平指数 $u_2$ 和耦合协调度D见表8－6。

## (二)结果分析

### 1. 2012—2016年乌兰察布市文化产业与旅游产业发展水平

根据上述研究方法，计算得到2012—2016年乌兰察布市文化产业发展水平指数 $u_1$ 见表8－6，并据此绘制其发展趋势图如图8－2所示。从发展水平来看，2012—2016年乌兰察布市文化产业发展水平整体较低，基本上在0.09附近徘徊。从发展趋势来看，2012—2016年乌兰察布市文化产业发展水平有上升趋势，但增幅不够显著。同理可得2012—2016年乌兰察布市旅游产业发展水平指数 $u_2$ 见表8－6，并据此绘制其发展趋势图如图8－2所示。从发展水平来看，2012—2016年乌兰察布市旅游产业发展水平整体不高，基本上在0.01左右浮动，但浮动不大。从发展趋势来看，2012—2016年乌兰察布市旅游产业发展水平稍有上升，但趋势不是很明显。

表8－6　乌兰察布市文化产业与旅游产业耦合评价值及类型

| 年份 | 2012 | 2013 | 2014 | 2015 | 2016 |
|---|---|---|---|---|---|
| $u_1$ | 0.0808 | 0.0835 | 0.0980 | 0.0985 | 0.0996 |
| $u_2$ | 0.0104 | 0.0104 | 0.0104 | 0.0105 | 0.0106 |
| D | 0.1204 | 0.1214 | 0.1265 | 0.1268 | 0.1274 |
| 耦合等级 | 严重失调 | 严重失调 | 严重失调 | 严重失调 | 严重失调 |
| 耦合类型 | 旅游滞后 | 旅游滞后 | 旅游滞后 | 旅游滞后 | 旅游滞后 |

### 2. 2012—2016年乌兰察布市文化产业与旅游产业耦合协调度

根据耦合协调度等级划分标准见表8－5，可以获得乌兰察布市两大产业系统耦合协调等级见表8－6。2012—2016年乌兰察布市两大产业的耦合协调等级均处于较低状态，如图8－2所示。连续5年均未实现协调发展。乌兰察布市文化产业发展水平明显高于旅游产业发展水平，基本为的9倍左右，表明乌兰察布市旅游产业发展的滞后严重制约了文化产业的进一步发展，也可以看出文化产业发展并未有效支持旅游产业发展，二者耦合协调水平较低，未来需要在大力发展旅游产业的过程中融入乌兰察布地域文化元素。

根据相关研究成果，进一步将文化产业与旅游产业耦合协调度细分：将>、=、<时，分别表示为旅游滞后型、二者同步型和文化滞后型。由此，可得耦合类型见表8—6。从表8—6和图8—2可以发现，2012—2016年乌兰察布市旅游产业严重滞后于文化产业发展，因此，近5年来乌兰察布市文化产业与旅游产业耦合类型均属于旅游滞后型。

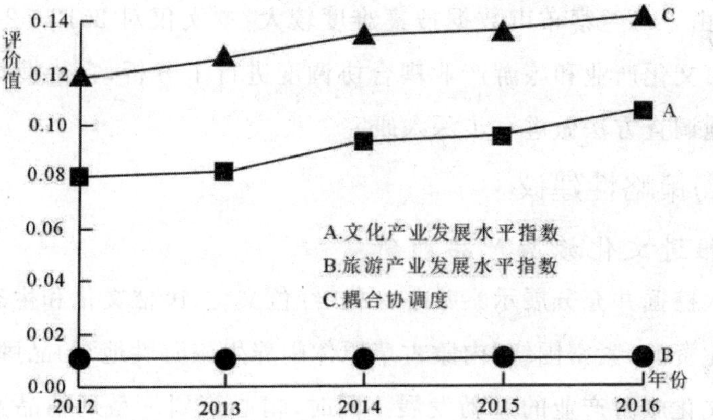


图8—2 乌兰察布市文化产业与旅游产业发展水平及耦合协调度

## 四、总结与前瞻

### (一)总结与评议

(1)2012—2016年乌兰察布市文化产业和旅游产业发展水平整体不高，两大产业耦合协调度等级处于较低水平，停留于严重失调状态，整体上属于失调衰退类；从耦合类型来看，旅游产业严重滞后于文化产业发展，属于旅游滞后型。

(2)与前人研究对比来看，虽然选取指标体系不完全一致，但在研究结论上，与中国西部地区文化产业与旅游产业耦合协调结论具有较好的一致性，文化产业与旅游产业联系不紧密，文化产业与旅游产业耦合协调效果不太理想，整体处于偏低的水平。前人对内蒙古文化产业与旅游融合发展研究结论是文化旅游产业链的融合还是远远不足，文化魅力并未通过文化旅游很好地展现出来，在一定程度上印证了本文研究结论。

(3)乌兰察布市作为西部边疆少数民族地区，文化产业和旅游产业发展具有一定的比较优势，潜力还未完全挖掘出来，产业拓展空间很大，应继续大力发展文化产业和旅游产业。同时，文化产业与旅游产业耦合协调等级也偏低，应认识到文旅融合对乌兰察布经济发展的重要作用，如何通过二者有机耦合实现两大产业系统的协调发展是乌兰察布市文化旅游产业发展面临的重要课题。

(4)由于乌兰察布市数据搜集难度较大，本文仅对 2012—2016 年乌兰察布市文化产业和旅游产业耦合协调度进行了分析，有待搜集数据并结合其他调查方法做进一步深入研究。

## (二)策略性建议

### 1. 推进文化旅游产品创新

深入挖掘并充分展示察哈尔文化、红色文化、民俗文化和生态文化等独特文化资源，紧密围绕“内蒙古草原休闲养生旅游胜地”的品牌形象，积极推动文化旅游产业的蓬勃发展。同时，精心策划一系列精品文化旅游路线，如清凉避暑之旅、心灵放松之旅、科学探索与学习之旅等，以满足不同游客的需求。积极培育并推广具有乌兰察布地域特色的文化旅游演艺产品，打造独特的文化旅游演艺市场，推出深受游客喜爱的、具有广泛市场影响力的文化演艺精品。大力开发并推广乌兰察布地域文化创意产品，构建一套具有鲜明地方文化特色的旅游文化商品体系，以满足游客对地方特色文化商品的需求。同时，加强文化旅游创意产品的研发、生产与销售，以推动文化旅游产业的创新与发展。

### 2. 完善文化旅游产业结构

乌兰察布市的文化旅游产业体系尚待优化，当前存在产业链不完整、分散经营、市场定位不明确以及区域合作不够紧密等问题，这些都在一定程度上限制了产业的发展与效益提升。因此，需构建更加完善和多元化运作的文化旅游产业链条，通过整合各类资源，提升游客的满意度和体验，进而实现产业的高效益。通过调整和优化产业体系的结构，可以显著提升乌兰察布市文化旅游产业的综合效能和竞争力。

3. 增强文化旅游的科技含量

积极推动乌兰察布地域文化与现代科技的深度融合，确保在融合过程中精准把握并凸显地域文化的独特魅力和核心特质。通过运用高科技手段，打造更具互动性和沉浸感的文化旅游产品，使游客在参与和体验中深入了解乌兰察布的地域文化，从而实现真正的文化认知与感知。

4. 强化市场营销与区域联动

政府应加大对文化旅游营销和城市形象推广的投入，围绕“中国草原避暑胜地”的核心主题，塑造“内蒙古草原休闲养生旅游胜地”的整体形象。通过推广“凉爽之城”“神州家园”“清新草原”“火山草原”等子品牌，深入挖掘并展示避暑康养文化、温泉文化、美食文化、察哈尔文化以及火山草原文化等地域特色文化，全面树立乌兰察布文化旅游的独特形象。

立足于乌兰察布自身的资源和优势，积极融入呼包鄂经济圈，构建完善的乌兰察布文化旅游产业体系。同时，加强与京津冀地区的合作与交流，进一步深化乌大张文化旅游合作，努力将乌兰察布打造成为京津冀周边地区具有吸引力和影响力的文化旅游目的地。

5. 切实加强文化旅游人才队伍建设

推动文化旅游企业与集宁师范学院、乌兰察布职业技术学院、乌兰察布职业学校、乌兰察布医学高等专科学校等教育机构紧密合作，共同制定文化旅游人才培养计划。不断探索和创新文化旅游人才的培养模式，确保培养出的人才能够适应乌兰察布市文化旅游产业快速发展的需求，为产业的持续繁荣提供坚实的人才保障。

# 参考文献

[1]SMITH V. Hosts and guests：The anthRoPologY oF touRism[M]. 2nd ed. PhiladelPhia：UniveRsitY oF PennsYlvania PRess，1989.

[2]AOYAMA Y. The Role oF consumPtion and globalization in a cultuRal industRY：The case oF Flamenco[J]. GeoFoRum，2007(1)：104－113.

[3]BOURDIEU P，DARBEL A，SCHNAPPER D. The love oF aRt：Eu RoPe and aRt museums and theiR Public[M]. CambRidge：PolitY PRess，1991.

[4]L MORALES CANO，A MYSYK. CultuRal touRism，the state，and daY oF the dead[J]. Annals oF TouRism ReseaRch，2004(4)：879－898.

[5]APOSTOLAKIS A. The conveRgence PRocess in heRitage touRism[J]. Annals oF TouRism ReseaRch，2008(4)：795－812.

[6]李江帆，李冠霖，江波. 旅游业的产业关联和产业波及分析——以广东为例[J]. 旅游学刊，2001(3)：19－25.

[7]黄耀丽，聂磊，李凡. 文化旅游与文化产业互动的研究——以佛山文化旅游资源开发为例[J]. 热带地理，2003(4)：376－379.

[8]罗明义. 论文化与旅游产业的互动发展[J]. 经济问题探索，2009(9)：1－5.

[9]张海燕，王忠云. 旅游产业与文化产业融合发展研究[J]. 资源开发与市场，2010，26(4)：322－326.

[10]程晓丽，祝亚雯. 安徽省旅游产业与文化产业融合发展研究[J]. 经济地理，2012(9)：161－165.

[11]麻学锋，张世兵，龙茂兴. 旅游产业融合路径分析[J]. 经济地理，2010(4)：678－681.

[12]鲍洪杰，王生鹏. 文化产业与旅游产业的耦合分析[J]. 工业技术经

济,2010(8):74－78.

[13]张琰飞,朱海英.西南地区文化产业与旅游产业耦合协调度实证研究[J].地域研究与开发,2013(2):16－21.

[14]侯兵,周晓倩.长三角地区文化产业与旅游产业融合态势测度与评价[J].经济地理,2015(11):211－217.

[15]范红艳,薛宝琪.河南省旅游产业与文化产业耦合协调度研究[J].地域研究与开发,2016(4):104－109.

[16]翁钢民,李凌雁.中国旅游与文化产业融合发展的耦合协调度及空间相关分析[J].经济地理,2016(1):178－185.

[17]哈斯花尔.多元文化下呼和浩特玉泉区旅游产业与文化产业融合发展研究[D].西安:长安大学硕士学位论文,2013.

[18]荷叶,张森林.内蒙古文化产业与旅游融合发展研究[J].内蒙古社会科学(汉文版),2015(5):191－196.

[19]赵彦云,余毅,马文涛.中国文化产业竞争力评价和分析[J].中国人民大学学报,2006(4):72－82.

[20]生延超,钟志平.旅游产业与区域经济的耦合协调度研究——以湖南省为例[J].旅游学刊,2009(8):23－29.

[21]唐鸿,刘雨婧,麻学锋.旅游业与新型城镇化协调发展效应评价——以张家界为例[J].经济地理,2017(2):216－223.

[22]高靓,张杜鹃.晋陕豫黄河金三角区旅游产业综合竞争力评价[J].山西师范大学学报(自然科学版),2019(2):63－67.

[23]王莉红,马耀峰.地级城市旅游竞争力比较研究——以山西运城、晋中、大同为例[J].山西师范大学学报(自然科学版),2009(3):101－105.

[24]暴向平,张利平,庞燕,等.乌兰察布市文化产业与旅游产业耦合协调度分析[J].西北师范大学学报(自然科学版),2019(1):115－120.

[25]高楠,马耀峰,李天顺,等.基于耦合模型的旅游产业与城市化协调发展研究——以西安市为例[J].旅游学刊,2013,28(1):62－68.

[26]廖重斌.环境与经济协调发展的定量评判及其分类体系——以珠江

三角洲城市群为例[J]. 热带地理,1999(2):171－177.
[27]张春晖,马耀峰,吴晶,等. 供需视角下西部入境旅游流与目的地耦合协调度及其时空分异研究[J]. 经济地理,2013(10):174－181.
[28]SMITH V. Hosts and guests:The anthropology of tourism[M]. 2nd ed. Philadelphia:University of Pennsylvania Press,1989.
[29]AOYAMA Y. The role of consumption and globalization in a cultural industry:The case of Flamenco[J]. Geoforum,2007(1):103.
[30]BOURDIEU P,DARBEL A,SCHNAPPER D. The love of art:Europe and art museums and their public [M]. Cambridge: Polity Press,1991.
[31]L MORALES CANO,A MYSYK. Culturaltourism,the state,and day of the dead[J]. Annals of Tourism Research,2004(4):879.
[32]APOSTOLAKIS A. The convergence process in heritage tourism [J]. Annals of Tourism Research,2008(4):795.
[33]李江帆,李冠霖,江波. 旅游业的产业关联和产业波及分析——以广东为例[J]. 旅游学刊,2001(3):19.
[34]黄耀丽,聂磊,李凡. 文化旅游与文化产业互动的研究——以佛山文化旅游资源开发为例[J]. 热带地理,2003(4):376.
[35]罗明义. 论文化与旅游产业的互动发展[J]. 经济问题探索,2009(9):1.
[36]张海燕,王忠云. 旅游产业与文化产业融合发展研究[J]. 资源开发与市场,2010(4):322.
[37]程晓丽,祝亚雯. 安徽省旅游产业与文化产业融合发展研究[J]. 经济地理,2012(9):161.
[38]麻学锋,张世兵,龙茂兴. 旅游产业融合路径分析[J]. 经济地理,2010(4):678.
[39]鲍洪杰,王生鹏. 文化产业与旅游产业的耦合分析[J]. 工业技术经济,2010(8):74.

[40]张琰飞,朱海英.西南地区文化产业与旅游产业耦合协调度实证研究[J].地域研究与开发,2013(2):16.

[41]侯兵,周晓倩.长三角地区文化产业与旅游产业融合态势测度与评价[J].经济地理,2015(11):211.

[42]范红艳,薛宝琪.河南省旅游产业与文化产业耦合协调度研究[J].地域研究与开发,2016(4):104.

[43]翁钢民,李凌雁.中国旅游与文化产业融合发展的耦合协调度及空间相关分析[J].经济地理,2016(1):178.

[44]赵彦云,余毅,马文涛.中国文化产业竞争力评价和分析[J].中国人民大学学报,2006(4):72.

[45]陈政,胡吉,洪敏,等.湖南文化产业发展的时空特征与影响因素分析[J].经济地理,2018(3):129.

[46]生延超,钟志平.旅游产业与区域经济的耦合协调度研究——以湖南省为例[J].旅游学刊,2009(8):23.

[47]唐鸿,刘雨婧,麻学锋.旅游业与新型城镇化协调发展效应评价——以张家界为例[J].经济地理,2017(2):216.

[48]高楠,马耀峰,李天顺,等.基于耦合模型的旅游产业与城市化协调发展研究——以西安市为例[J].旅游学刊,2013(1):62.

[49]廖重斌.环境与经济协调发展的定量评判及其分类体系——以珠江三角洲城市群为例[J].热带地理,1999(2):171.

[50]张春晖,马耀峰,吴晶,等.供需视角下西部入境旅游流与目的地耦合协调度及其时空分异研究[J].经济地理,2013(10):174.

[51]荷叶,张森林.内蒙古文化产业与旅游融合发展研究[J].内蒙古社会科学(汉文版),2015(5):191.

[52]杨明,王克敏.文旅融合的理论探索与规划实践[M].北京:清华大学出版社,2023.

[53]王鑫.文旅融合视野下的地质公园开发与管理研究[M].西安:西安交通大学出版社,2022.

[54]宋军令.文旅融合视角下的住宿业与乡村文创研究[M].北京:中国环境出版社,2023.

[55]王毅菲.文旅融合背景下文化遗产真实性与完整性价值解读及活化研究[M].北京:人民文学出版社,2022.

[56]孙春华.乡村旅游与文化产业融合发展探究[M].长春:吉林出版集团股份有限公司,2023.

[57]李天雪.文化产业与旅游融合发展案例教程[M].北京:中国旅游出版社,2023.

[58]张新成.文化和旅游产业融合质量评价及空间溢出效应研究[M].北京:中国经济出版社,2023.

[59]杨春宇,张洁.融合集聚演化 文化旅游产业创新系统演化理论与实践研究[M].北京:科学出版社,2023.

[60]袁建伟,张恬,叶文静.文旅融合产业区域发展创新与绍兴东亚文化之都研究[M].杭州:浙江工商大学出版社,2023.

[61]薛可,陈晞.会展文创理论与实务[M].上海:复旦大学出版社,2023.

[62]黄永林.中国文化产业的现代发展[M].武汉:华中师范大学出版社,2023.

[63]龚慧,高凡.文化旅游与旅游产业发展研究[M].北京:中国纺织出版社,2023.

[64]周娟.文旅产业融合研究[M].哈尔滨:北方文艺出版社,2023.

[65]詹艳杰.乡村旅游产业发展研究[M].长春:吉林出版集团股份有限公司,2023.

[66]杨晓玭.乡村旅游的文化赋能研究 基于产业升级视角[M].北京:旅游教育出版社,2023.

[67]张英.生态文化旅游资源开发社区参与机制研究[M].北京:科学出版社,2023.

[68]徐珊珊.旅游文化创意产品开发理论与实践[M].昆明:云南美术出版社,2023.

[69]唐承财. 乡村振兴战略下北京传统村落文化传承与文旅融合发展[M]. 北京:科学出版社,2023.
[70]肖盛誉. 文旅融合助力乡村振兴路径研究[M]. 延吉:延边大学出版社,2023.
[71]程金龙,王淑曼,张瑞,等. 文旅文创融合发展 理论诠释与实践探索[M]. 北京:社会科学文献出版社,2023.
[72]高环成. 产业融合背景下的康养旅游研究[M]. 北京:中国纺织出版社,2023.
[73]孙春华. 乡村旅游与文化产业融合发展探究[M]. 长春:吉林出版集团股份有限公司,2023.
[74]杨春宇,张洁. 融合集聚演化 文化旅游产业创新系统演化理论与实践研究[M]. 北京:科学出版社,2023.
[75]黄永林. 中国文化产业的现代发展[M]. 武汉:华中师范大学出版社,2023.
[76]韩建中. 山西文化与旅游融合发展研究[M]. 北京:中国国际广播出版社,2023.
[77]胡晓锋. 区域文化资源与旅游产业经济协同发展研究[M]. 郑州:郑州大学出版社,2023.
[78]李罕梁,刘丹丹,李文超. 产旅共富 葡萄酒文旅融合发展创新模式[M]. 杭州:浙江大学出版社,2023.
[79]张兴. 文旅融合视阈下图书馆发展研究[M]. 西安:陕西科学技术出版社,2023.
[80]王诗铃. 经济内循环背景下文旅融合发展研究[M]. 长春:吉林出版集团股份有限公司,2023.